社交心理学

苏雨秋　编著

中国纺织出版社

内 容 提 要

人是社会人，我们每个人都需要与人打交道，然而，人心难测，我们只有掌握社会心理策略，才能轻松驾驭人际关系，解决各种社交问题，从而更好地与人交流和相处，构建融洽的人际关系。

本书正是从心理学的角度入手，从职场、商场、婚恋和家庭等角度，介绍了实用、有效的沟通方法和社交技巧，从而帮助你在社交场合极大地扩展你的影响力，让你赢得更广泛的信任和支持，收获更多的友谊与合作，从而获得事业的成功和生活的幸福。

图书在版编目（CIP）数据

社交心理学 / 苏雨秋编著. —北京：中国纺织出版社，2018. 3（2024.5重印）
ISBN 978-7-5180-4821-2

Ⅰ.①社… Ⅱ.①苏… Ⅲ.①心理交往-社会心理学 Ⅳ.①C912.11

中国版本图书馆CIP数据核字（2018）第050102号

责任编辑：闫　星　　特约编辑：李　杨　　责任印制：储志伟

中国纺织出版社出版发行
地址：北京市朝阳区百子湾东里A407号楼　邮政编码：100124
销售电话：010－67004422　传真：010－87155801
http：//www.c-textilep.com
E-mail：faxing@c-textilep.com
中国纺织出版社天猫旗舰店
官方微博http：//weibo.com/2119887771
北京一鑫印务有限责任公司印刷　各地新华书店经销
2018年3月第1版　2024年5月第4次印刷
开本：710×1000　1/16　印张：13
字数：260千字　定价：39.80元

前言

瞬息万变、竞争激烈已经成为当今社会的一大特点，物竞天择、适者生存的自然法则更是迫使人们为成功而奋斗，为人生而规划。但要做到这些，就不得不和形形色色的人打交道，不管是身居高位，还是市井平民；不管是身处生意场，还是身处职场，我们都不可避免地要涉及交际。这正如卡耐基所说的：“一个人的成功，15%来源于专业技术，85%要靠人际关系与处世技巧。”交际中蕴含了许多机会，这些机会无论对个人还是对将来工作的开展都有百利而无一害。所以，拒绝交际就是拒绝机会，拒绝成功！

因此，学会如何与他人相处和交往是贯穿我们一生的重要课题。然而，令人遗憾的是，在我们的学校教育中却找不到这类课程，人们只好在社会实践中摸索前行。

的确，现实生活中，人们出于各种原因，或是出于善意的自我保护，或是为了征服他人，更有可能是包藏祸心，他们会选择隐藏自己的内心。对于你每天面对的那些人，你真的了解他们吗？他们是表里如一还是信口雌黄？对于自己的领导或同事，你又知道多少？

西方心理学的开山鼻祖弗洛伊德曾经说过这样一句经典名言：“任何人都无法保守他内心的秘密。虽然他的嘴巴保持沉默，但他的指尖却喋喋不休，甚至他的每一个毛孔都会背叛他。”可见，任何人的内心都是有

迹可循的，不管他掩盖得多么严实，只要我们用心观察，都会不经意地从各种动作细节中发现蛛丝马迹。另外，在具体环境下，我们最好要学会实施一些心理小计策，无论是在职场、社交场合还是恋爱中，掌握他人的心理动态，然后对症下药，就能让我们说对的话、做对的事，然后达到预期效果。

可见，在这个社会上，只有掌握社交心理学，你才能在交际中左右逢源，你才会占领博弈的制高点，赢得与对手的对决。从而，我们才会拥有一个圆满幸福的人生。

可以说，本书就是一本实用的心理学教程。翻开这本书，你会发现，它是非常详尽的读心术指导手册，它会教你在与人交往的过程中如何用一双眼睛洞察周围的事物和周围人的想法，从而用一种正确的方式来应对周围形形色色的人，助你到达成功的彼岸，赢得幸福的人生！

编著者

2017年4月

目录

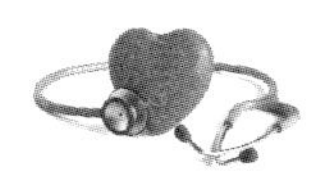

第1章 懂心理心明眼亮，看清朋友善结益友

常言道："画虎画皮难画骨，知人知面不知心。"人是群居动物，离不开社会，更离不开与人打交道。在生活中，每个人都有朋友，但是，现代社会生活的节奏越来越快，人们接触的信息面也越来越广，所以，人们周围的朋友也越来越复杂。其实，朋友分为很多种，例如，知己、普通朋友、酒肉朋友等。那么，怎样才能快速识别一个人，从而确定是否应该与他结交呢？其实，慧眼识人是有技巧的。

分清坦诚直言的真朋友与刻薄的损友

一段时间，唐霞很郁闷，因为她有一个朋友，总是喜欢给她泼冷水，让她原本挺好的心情变得越来越沮丧。

唐霞是一个公司的前台，中等长相，为人比较开朗。虽然公司里有很多人追唐霞，但是她一个都看不上眼，因为她给自己定下了目标，要找一个“有房有车、月薪过万”的男朋友。在唐霞讲出这个条件之后，公司里的很多小伙子都被吓跑了。在北京这个城市，房子是一般的外地人不敢想象的奢侈品。很多女同事都在背地里嘲笑唐霞，觉得她的目标不切实际。的确，唐霞长相一般，虽然找对象不是难事，但是以她提出的标准来找对象，却很困难。在将近一年的时间里，唐霞都把眼睛盯在了来公司的客户身上。的确，这些客户都是成功人士，不仅有房有车，而且有老婆有孩子。找了将近一年之久，唐霞渐渐地降低了标准，与一个“无房无车、底薪三千”的做销售的小伙子谈起了恋爱。这个时候，很多与唐霞要好的人心里都松了一口气，觉得她终于走上了正常的轨道，眼睛不再只盯着房子、车子和钱了。唐霞也挺高兴的，毕竟年轻人谈恋爱，感情应该放在第一位。这时候，唐霞的一个女性朋友龚花荣见了唐霞之后，询问唐霞男朋友的情况，唐霞如实告知，龚花荣说：“你不是说要找个有房有车、月薪过万的嘛？现在怎么也接受无房无车、底薪三千的了？你这个男朋友条件可不怎么样啊，还不如我们家××（她的老公）呢！”听了这话，唐霞的脸色突然变得很难看，龚花荣却仍然准备自顾自地说下去，这时，旁边的一个朋友小米赶紧打圆场，说：“你知道什么呀，这是我们唐霞具有献身主义，愿意和一个一无所有的男孩子一起开创他们的未来，想当初，咱们不都是从一穷二白过来的嘛！”

此后，唐霞的心情一直很郁闷，脑海中总是回想着龚花荣说的话，觉得非常刺耳。当然，既然选择了，就是经过深思熟虑的，她当然不会因为龚花荣这几句话就与男友分手。不过，她渐渐地疏远了龚花荣，很少再与她见面、打电话了，即使偶尔碰见了，也只是寒暄几句，对自己的私事闭口不提。

在上述这个案例中，龚花荣无疑就是典型的损友。其实，大家都知道唐霞之前的择偶观是错的，对人品没有任何要求，而只是要求对方有房有车、月薪过万，这是典型的拜金主义，这与商品待价而沽又有什么区别呢？后来，在找寻一段时间无果后，唐霞渐渐地转变了自己的观点，踏踏实实地找了一个彼此之间有感情的男孩子谈恋爱。不管是谁，看到了唐霞身上的这种转变都应该觉得高兴，都应该鼓励唐霞。但是，龚花荣却偏偏哪壶不开提哪壶，非要往人家的伤口上撒盐。说是朋友，其实，龚花荣的话比敌人的话还尖酸刻薄。这种人，不是损友又是什么？相比之下，虽然小米未必是坦诚直言，但她的话最起码是有一定道理的。如今，在大城市，想与男友一起为未来奋斗的女孩子越来越少，而更多的女孩子梦想着能一步登天，坐享其成。虽然没有任何经济基础的奋斗的确很苦，但是最起码能够收获爱情；虽然坐享其成很轻松，但是依赖别人生活并没有想象中那么容易和幸福。所以，在选择男朋友之前，女孩子一定要考虑清楚自己到底想要什么。

在现实生活中，像龚花荣这样的损友很多。虽然每个损友的动机和表现形式不一，但是目的却大同小异，即让对方变得不快乐、郁郁寡欢。大多时候，这些损友之所以口下不积德，都是因为妒忌。在这里，我们必须分清楚妒忌与羡慕的不同之处。所谓妒忌，会严重地破坏朋友之间的关系，怀有妒忌之心的人一般喜欢争强好胜，事事都想强过别人，而一旦看到别人过得比自己好，他就抓耳挠腮，坐立不安。例如，你换了辆十几万的车，但是他家的车却是四万块的奇瑞QQ，那么，妒忌的人甚至会说：“哎呀，其实在市区里面没有必要开好车，因为即使你开一百多万的宝马也只能和我们家四万块的QQ开得一样快。”这就是典型的、不加掩饰的妒忌，看不得人家比他强，所以才会说出如此赤裸裸的话来。与妒忌不同，

羡慕你的朋友虽然也想变得像你一样或者拥有你所拥有的，但是，他会真诚地祝福你、赞美你，然后把你当成一个榜样或者是对他的一种激励，然后通过与你竞争来超越你。

那么，在生活中，如果发现自己身边有这种损友应该怎么办呢？其实，如果对方的话只是出于妒忌，而没有明目张胆地进行人身攻击或者是恶意诅咒，那么，你最好不理他。就像龚花荣一样，这种损友一般都喜欢逞口舌之快，如果你说他一句，他肯定会有十句话等着反驳你，从而更深地伤害你。所以，为了保护自己，我们要默默地疏远他，不给他破坏心情的机会！

偶然遇到贵人，不要轻易错过

李景全是香港著名的实业家，曾经荣获香港“十大杰出青年”的称号。其实，李景全原本只是一个非常平凡的人，不仅一文不名，而且默默无闻。但是，因为偶然遇到了生命中的“关键人物”，并且得到了对方的帮助，所以他才发展了自己的事业，并且渐渐地走向了成功。李景全的成功之路给人们带来了启发。

李景全自立门户的时候刚刚18岁，创业的艰难是不言自明的。不过，他现在已经不再对曾经的艰难生活念念不忘了，而是时刻牢记着大贵人曾文忠在他的创业历程中对他的种种帮助。18岁辍学的李景全迫于生计，首先来到一家电子公司当电子零件推销员。说得好听叫推销员，其实就是一个送货员。这份工作虽然很辛苦，但却使李景全接触到了很多电脑行家，其中就包括大贵人曾文忠。

在做电子零件推销员的时候，李景全渐渐地对电脑业产生了浓厚的兴趣。终于，他拿出自己的所有积蓄——2万港元和别人合伙开了一家小公司，主要负责替电脑商装嵌电脑面板。然而，自己创业当老板要比想象中难多了。因为缺乏经验，再加上合伙人对他的轻视，最后，李景全退还了合伙人2万港元，与合伙人分道扬镳。从那之后，公司就完全属于李景全

一个人的了，与此同时，他也开始了孤军奋战的日子。虽然公司在名义上属于李景全一个人，但是，他欠下了10多万港元的债务！为了集思广益、走出困局，李景全找来昔日要好的同学们帮忙出主意。同学们纷纷出谋献策，终于帮助李景全在半年的时间里还清了所有债务。不过，公司的生意却始终不见起色，直到他再次遇到曾文忠为止。

此时，曾文忠已经是香港著名的电脑商了，在电脑界一呼百应、举足轻重。曾文忠很想扩展公司的业务，于是就想开厂进行生产。他觉得李景全是一个很理想的合作伙伴，因为李景全不仅年轻有朝气，而且踏实肯干。就这样，身陷困境的李景全遇到了事业上的贵人。双方一拍即合，不久就签订了合作协议。与曾文忠合作后，在曾文忠的支持和提携下，李景全的公司渐渐步入正轨，业务量芝麻开花——节节高。没过多久，李景全就来到深圳开厂，而且还招揽了很多台湾业务。1990 年，李景全的建超实业成了香港生产小型电脑板的厂家之一，公司每年的营业额高达7000万港元。

在上述案例中，李景全和曾文忠既不是亲戚，也不是朋友，只是因为偶然的机会，他们认识了。也正是因为这个偶然的机会，李景全才有机会得到曾文忠的认可和信任，他们才会成为合作伙伴。在实力上，李景全无疑与曾文忠相差甚远，但是，曾文忠看重的是李景全身上优秀的品质。因此，李景全才有机会成就自己的事业。由此可见，不要轻易错过偶然遇到的关键人物，很多时候，正是他们改变了你人生的轨迹。

在生活中，每个人都向往成功，都希望自己能够事业有成。然而，成功是需要很多条件的。古人云，天时地利人和。在现代社会，要想成功，同样需要很多必不可少的条件。其中，人脉关系是成功必不可少的重要因素之一。很多人的人脉关系的范围很广。有的人认为人脉关系就是指自己的亲戚、朋友，至多包括同事。其实，客户、萍水相逢的人都有可能成为助你成功的关键人物。例如，在上述案例中，曾文忠就是李景全的客户，后来，他们才发展成为合作伙伴。需要注意的是，在把握关键人物的时候，也是有章可循的。众所周知，人的时间和精力都是有限的，所以不可能全身心投入地和很多人交往，这就要求我们在与人交往时要有一定的目

的性。例如，你想在写作的道路上有所发展，那么，你就要尽量找机会认识更多的作家、记者等；如果你想成为一名儿童教育家，那么你可以多结识一些在研究儿童教育方面颇有建树的人；如果你想成为歌星、演员，那么，你就要想方设法地认识演艺圈内的人士或者结识著名的经纪人，这样才能获得引荐和包装，从而顺利地进入演艺界发展。如果你有针对性、目的性，再加上把握偶然认识的关键人物，那么无论做什么都会事半功倍。

其实，在与人交往的过程中，我们可以通过很多方式和途径拓展自己的人脉圈，其中有一个重要的原则，就是不要轻易错过偶然遇到的关键人物。不管是萍水相逢的陌生人，还是有一面之交的普通朋友，我们都要好好地把握，发展彼此之间的友谊，这样才能在需要的时候得到对方的援助。机会，往往就在偶然之间！

为你的朋友分个“三六九等”

王潇和皮亚杰不仅是高中同学，而且还是大学同学。在学校的时候，王潇和皮亚杰就是非常好的朋友。每天，他们一起上课，一起放学，一起吃饭。寒暑假的时候，他们总是一起结伴回家。开学的时候就更不用说了，当然也是一起到校报到的。在同学们眼中，他们好得就像一个人一样，简直是如影随形。

巧合的是，大学毕业后，王潇和皮亚杰都成为了同一所中学的语文教师，而且都是从初中一年级开始教起。他们所在的省份对教育抓得非常严格，几乎每个学期，县教育局都要在各个乡镇进行评比，因此，每个乡镇也都要对各个基层中学进行教育评比，其中最主要的就是成绩排名。如果能荣获乡镇第一名，不仅有奖金，而且还会在大会上得到表扬；反之，假如不幸得了倒数第一名，不仅会被扣掉奖金，还要当着所有老师的面在大会上被点名批评。因此，王潇和皮亚杰两个人的压力陡然大了起来，再也不像上大学的时候那样无忧无虑了。值得欣慰的是，虽然他们都是刚刚走上工作岗位，但是因为在大学期间的基本功比较扎实，掌握了很多教学技

巧，所以，他们所在班级的成绩都是中等偏上，而且不相上下。

转眼间，一年过去了，县教育局要在全县树立典型，即在刚刚毕业一年的教师中选出前三名，颁发“优秀新人教师”奖。得知这个消息后，王潇和皮亚杰都异常兴奋，如果能够被选中，那可就在县城的教育界一举成名了。因此，这两个人都不分昼夜地准备着，都想被选中。在各项综合考查中，王潇和皮亚杰的实力不相上下。不过，还有最后一项，就是同事们的评价。其实，王潇的性格是偏外向的，喜欢和别人谈笑，优势是很活泛，与很多同事的关系都较好，但是，弊端在于他说话口无遮拦，所以也得罪了一部分同事。和王潇比起来，皮亚杰的性格比较稳重、内敛，不喜欢大声说笑，为人比较坦诚，工作勤勉负责，所以，也有很多同事欣赏皮亚杰。在最后一轮竞争中，起初，王潇的投票略微领先。但是，在最后一天投票中，皮亚杰的票数突然直线飙升、遥遥领先。同事们都很纳闷，皮亚杰自己也很纳闷。刚开始的时候，同事们议论纷纷，说什么的都有，大多数人都认为皮亚杰看着老实，其实却在背地里搞小动作。当皮亚杰顺利当选为优秀新人教师的时候，人们才知道，原来是王潇在背地里帮皮亚杰拉选票。很多人都不理解王潇为什么这么做。据知情人士说，王潇之所以这么做，其实很简单：王潇和皮亚杰不仅是大学同学，而且是高中同学，所以王潇知道皮亚杰的妈妈得了乳腺癌，而且已经扩散了。皮亚杰不仅经济压力大，而且精神压力也很大。如果能够让皮亚杰的妈妈在离开人世之前不仅知道自己的儿子有了一份稳定的工作，而且做得很好，甚至还获得了很大的荣誉，那么，皮亚杰的妈妈一定会感到欣慰和放心的。

如果说，有所谓真正的朋友，那么王潇与皮亚杰就是一对真正的朋友。在面对物质利益和荣誉的时候，王潇想的不是怎么取胜，而是站在皮亚杰的立场上考虑问题，为了使皮亚杰的妈妈能够在离开人世之前得到慰藉，王潇主动放弃了本该属于自己的荣誉。在这种情况下，能做出如此举动的，才无愧于朋友的称谓。古人云，十年修得同船渡，百年修得共枕眠。实际上，同学之间的感情也是很深的，因为在年少无知的时候相识，所以几乎没有尔虞我诈的阴谋和陷害，而只有两小无猜的纯真友谊。也正因为如此，在现代社会，同学间情谊才显得那么珍贵，真正的友情更是可

遇而不可求。

虽然现代社会提倡人人平等，但是，其实朋友也是分三六九等的。当然，这里的三六九等的划分依据既不是社会地位，也不是金钱权势，更不是容貌或者学历，而是价值。俗话说，物以类聚，人以群分，不同的人，相互之间的关系也是不一样的，或亲或疏，或远或近，或好或坏。按照关系的远近亲疏以及彼此之间肝胆相照的程度，朋友大致可以分为三类。第一类是一等友，即志同道合、肝胆相照的朋友。他们不仅相互理解，相互关心，而且不管有什么事都能主动想到对方，为对方分忧解愁。在古时候，人们称这种人为可遇而不可求的知己。因此，古人常说“人生得一知己足矣”。在真正的危急关头，知己一定能够舍身为你。第二类朋友是二等友，即虽然不能肝胆相照，但是他们身上有一些值得欣赏和学习的地方。其实，二等友还是占大多数的。针对这种朋友，古人也留下了一句非常精辟的话，即“君子之交淡如水”，通俗地说，就是无须整天腻在一起，但是仍然是朋友。在危急的关头，这种朋友会在保证自身安全的情况下尽力帮助你。第三类朋友是三等友，即酒肉朋友。这种朋友没有太大的本事，自然也就没有什么成就。不过，这种朋友能够使你不寂寞，有他们在身边，你的每一天都是热热闹闹的。尤其是对于有权有势的人而言，在光环的笼罩之下，很多酒肉朋友都会围绕在他们身边。但是，这种热闹只是暂时的，因为人们常说“树倒猢狲散”。这些酒肉朋友喜欢围绕在那些有钱有权的人身边，仰视他们的风光，蹭吃蹭喝。而一旦对方陷入困境，或者经济破产，或者权势不在，他们就会一哄而散。无疑，在危急关头，这种朋友不但不会帮忙，甚至还会落井下石。因此，这样的朋友，我们一定要甚交。

其实，这只是大致地对朋友进行了划分，细究起来，还有很多不同类型的朋友。但是，不管是哪一类的朋友，都不出这三种大的范围之外。明眼人一眼就能看出来，第一类朋友是最好的，虽然彼此很少交流，但是心灵相通；第三类朋友是最差的，因为物质利益而团结在一起，关系吹弹可破；第二类朋友是生活中的常态，虽然不完美，但是可以相互学习、共同进步。在结交朋友的时候，我们不要被表面现象所迷惑，而要看清楚朋友

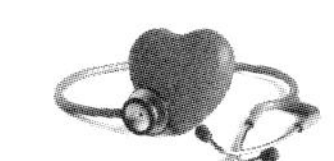

的内心。不管是谁，都无法做到平等地对待每一个朋友，我们所能做的就是正确地认识朋友以及与朋友之间的关系，从而更好地维护与朋友之间的关系。

知己难寻，珍惜与你志同道合的朋友

春秋时期，楚国有一位赫赫有名的音乐家，叫俞伯牙。俞伯牙从小就天赋异禀，非常喜欢音乐，而且拜了著名的琴师成连为师，学习琴艺。

经过三年的学习，俞伯牙的琴艺渐精，成了当地著名的琴师。虽然人们都对俞伯牙的琴艺竖起了大拇指，但是俞伯牙却常常因为自己在艺术上达不到更高的境界而苦恼。成连老师知道俞伯牙的心思后，对他说："如今，我已经把自己的所有技艺都传授给你了。至于音乐的感受力、悟性等方面，我也没有领悟好，所以教不了你。我的老师是一代宗师方子春，他住在东海的一个岛上。他不仅琴艺高超，而且对音乐有独特的感受力。我送你去拜他为师继续学习，好吗？"俞伯牙听后大喜过望，连声答应！

不久，他们就乘船去往东海。一天，船行至东海的蓬莱山，成连对伯牙说："你先在蓬莱山等一下，我去接老师，很快就回来。"说完，成连就头也不回地划船离开了。伯牙等了很多天，始终未见成连回来，非常伤心。他回首观岛内，山林一片寂静，只有鸟儿在啼鸣，像在唱一首忧伤的歌；他抬头望大海，只见大海波涛汹涌，了无人迹。伯牙触景生情，即兴弹了一首充满忧伤的曲子。俞伯牙身处孤岛，每天与树林飞鸟为伍，与大海波涛为伴，感情渐渐地发生了变化，逐渐领悟到了艺术的本质。此后，俞伯牙的琴艺得到了很大的提高，创作出了很多真正的传世之作。最终，俞伯牙如愿以偿地成为了一代杰出的琴师，不过，没有几个人能真正听懂他所弹奏的曲子。

一日，俞伯牙乘船沿江旅游。船行到一座高山旁时，突然下起了大雨，因此，他将船停在山边避雨。伯牙耳听着淅沥的雨声，看着雨打江面的景象，不禁琴兴大发。正当伯牙弹得兴致高涨时，突然感觉到琴弦上有

异样的颤抖。伯牙知道，这是琴师的心灵感应，说明此刻有人在附近听琴。伯牙走出船外，果然看到岸上树林边坐着一个打柴人正在侧耳倾听。这个人就是钟子期。

伯牙赶紧把子期请到船上，说："我为你弹一首曲子，好吗？"子期马上表示洗耳恭听。伯牙即兴弹了一曲《高山》，子期情不自禁地赞叹道："多么巍峨的高山啊！"接着，伯牙又弹了一曲《流水》，子期再次称赞说："多么浩荡的江水啊！"伯牙又钦佩又激动，对子期说："在这个世界上，只有你能听得懂我的心声，你真是我的知音啊！"就这样，两个人结为了生死之交。

伯牙与子期约定，一旦周游完毕，就会亲自去子期家登门拜访。一日，伯牙如约前来子期家登门拜访，但是却听闻子期因病不幸去世了。得知这个消息后，伯牙伤心欲绝，奔到子期墓前为他弹奏了一首充满悲伤和怀念的曲子，然后站起身来毫不迟疑地把自己珍贵的琴砸碎于子期的墓前。从此，伯牙与琴绝缘，再也没有弹过琴。

因为钟子期能够听懂俞伯牙的琴声，所以自古以来，人们就把俞伯牙与钟子期的惺惺相惜当作知己的典范。顾名思义，所谓"知己"，就是知道、了解自己内心的朋友。每个人都有很多朋友，但是真正的知己却很少。真正的知己，不会受到外物的限制，就像伯牙鼓琴志在高山，钟子期曰："善哉，峨峨兮若泰山！"志在流水，钟子期曰："善哉，洋洋乎若江河！"伯牙所念，钟子期必得之。那是心有灵犀的奇妙，是无须言说的理解，是心灵长久的感动，也是两人情操智慧的共鸣。

朋友有很多种，有莫逆之交，有点头之交，而知己则是朋友关系中最亲密的。很多人觉得莫逆之交就是知己，其实，莫逆之交也比不上知己。王勃在《送杜少府之任蜀州》中说："海内存知己，天涯若比邻。"就是这样一句浅显而情意感人的诗句，表达了王勃对朋友深切的关心，而且也表现出了他与这个朋友的心灵是相通的。

那么，什么样的朋友才算得上是真正的知己呢？首先，知己要能够互相欣赏、互相体谅、互相关心，真诚相待，没有任何欺诈、瞒骗。仅就这简单的一句话，大多数人却不容易做到。此外，还要有共同的兴趣和爱

好，例如，俞伯牙喜欢弹琴，钟子期喜欢听琴，所以他们才能成为知己。反之，假如他们没有共同的兴趣爱好，相处时就会无话可谈、尴尬冷场，从而感到沉闷枯燥。其实，所谓的有共同的兴趣爱好就是指志同道合，有共同的志向和志趣、理想和信念。宋代陈亮的《与吕伯恭正字书》之二中说："天下事常出于人意料之外，志同道合，便能引其类。" 总而言之，知音难觅，知己难求，遇到志同道合者一定要珍惜。

酒肉朋友，可以结交但要与之拉开距离

田磊的爱人在街上开了个小小的超市，因为其诚实守信、老少不欺，再加上服务周到，所以生意还不错。常言道，树大招风，就是这样一个小买卖，也有人嫉妒。一些心术不正的人看到超市的生意挺好的，就有意找茬儿，田磊和爱人对此特别头疼，但他们都是老实人，所以只能无奈地一忍再忍，忍气吞声地生存着。

有一次，田磊和爱人去外地办事了，委托正在读大学的妹妹照看几天超市。他们刚走的第二天，就有一个街道上的小混混来到超市，说与田磊夫妇的关系很好，所以想赊一箱酒。妹妹看到来者气势汹汹，心里就先怯了三分，竟信以为真地赊给了他。但是，妹妹却不知道价钱，因此，那个青年故意把八十多块钱一瓶的酒说成了三十块钱，并且装模作样地说："放心吧，如果钱不够，等老板回来让他找我要。"话已至此，妹妹只好赊欠给他。

过了两天，田磊夫妇回到超市，发现八十多元一瓶的酒只卖了三十元钱，一箱酒就赔了三百多元，心疼不已。因此，田磊只好打电话找那个人，想不到的是，那个人却翻脸不认账，蛮不讲理地说："是你们自己愿意卖的，跟我有什么关系！"田磊听了特别生气，但却毫无办法。妹妹的心里更是窝囊，直埋怨自己。无意中，田磊和对门饭店的老黄唠叨了这件事。谁知，老黄当场就拿起电话打给了那个人，斩钉截铁地说："你小子！居然吃到我的头上了！你知道那是谁吗？那是我家的亲戚！"镶着大

金牙的黄老板刚刚放下电话，那个买酒的人就把电话打到超市里了，并且连连道歉，说是一场误会。果然，不到十分钟，另一个青年就骑着摩托车风驰电掣地把钱送来了，又说了很多道歉与宽慰的话。等那人走后，田磊叹了口气说："哎呀，真是法不行，人行！"为了表示谢意，田磊特意让妻子炒了几个拿手菜招待了老黄。从此以后，田磊与老黄就成了酒肉朋友。不过，田磊想不明白老黄为什么要帮自己，老黄是开饭店的，比田磊有钱，而且老黄从中也得不到任何利益，和田磊也没有太多的交往。直到通过老黄认识了一些"混事"的人，田磊才明白老黄是出于仗义。此后，再也没有人敢找田磊超市的麻烦了。

每隔一段日子，田磊就会和老黄大口喝酒、大块吃肉。不过，他们的关系仅限于酒肉朋友。就这样，相安无事地过了几年。突然有一天，老黄的饭店被查封了，经过四处打听，田磊才知道原来老黄涉嫌贩毒。知道这件事情之后，田磊不禁后怕起来，自己经常与老黄喝酒吃肉，幸亏还与他保持了距离，没有继续深交，否则，恐怕自己也要跟他一起进去了。

在上述案例中，田磊与老黄的关系就是典型的酒肉朋友的关系，没事的时候在一起乐呵乐呵，平日里各忙各的，互不干扰。而正是因为他们互不干扰，田磊才能洁身自好地与老黄在一起喝了几年的酒、吃了几年的肉。

朋友有很多种，诸如患难朋友、忘年朋友、发小朋友、知心朋友、坏朋友、酒肉朋友等。其中，酒肉朋友是关系最浅的一种，但却是交往时最乐呵的一种。在朋友的各种定义中，酒肉朋友是最容易混淆和干扰朋友概念的一种朋友。当一个人的生活达到一定层次之后，酒肉朋友就和扑克、麻将一样，是一个乐子。有的时候喜欢他，没有的时候想他；宴席间，觥筹交错，推杯换盏，恨不得把心都掏出来给人看；大家称兄道弟，不亦乐乎；分了手，电话频联，如隔三秋。但是，在真正有危难的时刻，如果你只有酒肉朋友，那么，将没有任何一个人会真心地、竭尽全力地帮助你，也就是说，酒肉朋友是那种不能没有，但又不能依靠的朋友。人们常说，有茶有酒皆兄弟，急难时刻无一人。这句话用来形容酒肉朋友是最合适不过的。就像洞察秋毫的乾隆皇帝，尽管他明明知道和珅又贪又奸，但是仍

然不会杀和珅，因为和珅是乾隆爷的乐子。

总而言之，酒肉朋友就是寻乐子朋友，虽然不会害你，但是也绝不会帮你。只有有钱有闲的人，才有时间和精力结交这种富贵朋友！一旦你没有钱了，你的那些酒肉朋友就会一哄而散，消失不见。其实，酒肉朋友就是花钱买的乐子！所以，在与酒肉朋友交往的时候，不妨把这种交往当成一种休闲，就像去蒸一次桑拿一样，酣畅淋漓地出一身汗，蒸完了就忘记了，谁也不会天天去蒸！

第2章 懂心理提升洞彻力，有的放矢把握人心

现代社会，凡事都讲究高效，甚至连爱情都变成快餐式的了。在这个方便快速的年代，真心似乎变成了一种奢侈品，可遇而不可求。即使如此，人们仍然渴望着真心。那么，怎样才能测试出对方是否真心呢？很多时候，真相就隐藏在细节之中。

以宠物话题试探，了解对方心地

蔡大妈今年60岁了，非常喜欢养狗。因为儿女相继成家立业，老伴也于前几年去世了，所以蔡大妈养了四只狗，每天与狗做伴。牛大爷和蔡大妈是同一个小区的，今年62岁，经常在蔡大妈遛狗的时候遇到蔡大妈。开始的时候，只是偶尔点点头、打个招呼，渐渐地，牛大爷就和蔡大妈熟悉起来了。因为要遛四只狗，所以蔡大妈不得不分两次，遛完两只送上楼去，然后再牵另外两只下来。与蔡大妈熟悉了之后，牛大爷主动要求替蔡大妈分担遛狗的任务，两个人一起，每人遛两只。这样一来，蔡大妈就轻松多了。随着交往日益增多，他们对彼此之间的了解也逐渐加深，蔡大妈得知，原来牛大爷也非常喜欢狗，只是因为小孙子太小，才不得不把自己养了八年之久的一只泰迪送人了。得知牛大爷也喜欢狗之后，蔡大妈高兴极了，她说："我是爱狗之人，其实养狗是需要花费很多的时间和精力的，既然养了，就必须好好照顾它们。所以，我觉得，只要是喜欢宠物的人，一定都是非常有耐心的人。"

寒来暑往，经过一两年的交往后，蔡大妈和牛大爷之间渐渐产生了感情，彼此萌生了老来结伴的思想。终于有一天，他们之间的那层窗户纸被捅破了，他们和各自的儿女摊牌了。原本他们还很担心儿女们会反对，谁知道双方的儿女都非常赞同，都为父母在年老的时候能够找到伴儿而高兴。一个月之后，双方的儿女们欢聚一堂，给蔡大妈和牛大爷举办了一个热热闹闹的家庭婚礼。

如今，婚恋交友的节目非常火爆，收视率极高。如果是经常观看这类电视节目的观众，就不难发现，现在很多女孩子在寻找伴侣的时候都要求对方必须喜欢宠物，甚至有一部分男孩子也对女友提出了这个要求。在

江苏卫视《非诚勿扰》的舞台上，一个女嘉宾给男嘉宾留灯到最后，眼看就要牵手成功了，谁知道女嘉宾在最后的关键时刻问了男嘉宾一个问题：“你喜欢宠物吗？你能支持我养宠物吗？”遗憾的是，男嘉宾说不喜欢宠物把家里弄得到处都是毛发，因此，女嘉宾遗憾地灭了灯。男嘉宾下台后，主持人问女嘉宾为什么听到男嘉宾不喜欢养宠物时灭了男嘉宾的灯，女嘉宾说其实原因很简单，她认为不喜欢养宠物的男嘉宾没有爱心。

虽然女嘉宾因为男嘉宾不喜欢养宠物就觉得男嘉宾没有爱心的行为有些偏激，但是，从某种程度上也反映出越来越多的人在寻找配偶的时候非常关注对方是否喜欢宠物，尤其是本身就喜欢宠物的人。在第一个案例中，蔡大妈之所以能够下定决心与牛大爷牵手共度余生，从某种意义上来说，牛大爷喜欢宠物这个特点起到了很大的促进作用。正是因为牛大爷喜欢养宠物，所以蔡大妈才更加确定牛大爷是个有耐心、爱心、责任心的人。当然，不喜欢养宠物的人就不善良、没有爱心吗？答案当然是未必。大多数人都有自己的喜好，例如，有人有洁癖，那么当然很难接受宠物身上的毛发掉得家里到处都是；有人比较懒，连自己都照顾不好，哪里还有多余的时间照顾宠物呢！虽然人们有这么多理由不养宠物，不过，从某种意义上来说，养宠物的人通常都心地善良，有爱心，有责任心。

以前，女孩子们在找男朋友的时候通常会有两个要求：一是对方的身体要好，因为只有身体好才能照顾家庭，与妻子白头到老；二是对方的性格要好，因为只有性格好，才能与妻子和睦相处。通常情况下，如果不是刻意隐瞒家族病史，身体状况是可以用肉眼看出来的。但是，性格好不好就无法用肉眼进行观察了，不过，聪明的人们也想出了一个办法，即把另一半带到孩子们中间，看看他是否有足够的耐心和爱心对待孩子们，看看孩子们是不是喜欢他。仅凭这一点，就可以大致判断出一个人的性格了。其实，在很多电视剧、电影中都有这个情节，相爱的恋人在交往的过程中，经常会有一方把另一方带到社会福利院或者智障学校，以此更加深入和透彻地了解对方。如今，人们又加上了一句：不管怎么说，喜欢宠物的人都坏不到哪里去！

善用杯子技巧，探测出彼此的心理距离

艾米和皮特是一对情侣，他们从高中时代就是同学，自大学时代确立恋爱关系开始，迄今为止已经谈了10年恋爱。再过2个月，艾米就要过30周岁生日了。看着镜子里不再青春靓丽的自己，艾米有点儿担忧。她想结婚了，想有一个完全属于自己的家。但是，艾米却不知道皮特的心里是怎么想的。因此，艾米想找皮特好好谈一谈。

一天，艾米把皮特约到了一家咖啡馆，刚开始的时候，他们面对面坐着，两个人谁都没有说话，沉默地喝着咖啡，以前艾米觉得这是默契，如今，她却觉得心里有点儿不是滋味。一杯咖啡喝完了，艾米终于开口问道："亲爱的，你对未来有什么打算吗？"皮特是个工作狂，每天都把大量的时间和精力花在工作上。他沉思片刻后，用坚定的目光看着艾米说："我准备辞职，自己开创一家公司，你认为如何？我在现在的这家单位已经工作了六年，我觉得我已经深入了解了这个行业的运作流程，我有信心，我觉得自己能干好！"艾米微笑着对皮特说："当然，我相信你的能力，你总是那么优秀，任何问题都难不倒你！"皮特接着说："艾米，等我自己开公司后，我一定要在上海最金贵的地段给你买一套大房子，然后咱们在里面安家，生一大群属于咱们俩的孩子！"说着，皮特竟开心地笑起来，看得出来，他对未来满怀憧憬，他很爱艾米，想和艾米一起生活。

艾米的心里不禁松了口气，她委婉地说："可是，皮特，我不在乎能不能有一栋大房子，我只希望我们两个人能够在一起。"皮特不解地看着艾米，说："咱们现在不就在一起吗？"艾米继续说："我的意思是，再过2个月，我就整整30周岁了，你知道，女人过了35岁生孩子是不好的，我觉得，现在正是我们结婚生子的好时候。"说着，艾米坐到皮特的身边，依偎在皮特的肩膀上，顺手把自己的咖啡杯和皮特的杯子放在了一起，彼此紧贴着，就像他们俩一样。"现在？"皮特一边说一边舔了舔嘴唇，他端起咖啡杯喝了一口咖啡，顺手把杯子放到了距离艾米的杯子10厘米左右的地方，继续说道："艾米，我想给你更好的生活，我不希望咱们的孩子

出生在一个与别人共用厨房和卫生间的家里。相信我，艾米，只要我自己开公司，用不了2年，就能实现买大房子的梦想。到时候，咱们一买了房子就结婚，我保证你可以在35岁之前生宝宝。”艾米叹了一口气，她知道皮特是爱自己的，但也知道皮特是很固执的，既然他想开公司创业，就不会在这个关键时刻结婚。于是，艾米坐正身体，正视着皮特的眼睛，说：“那好吧，皮特，我愿意等你，我相信你的能力。”

其实，艾米和皮特已经认识13年了，谈恋爱也已经10年了，他们可以毫无顾虑地结婚了，他们甚至比某些夫妻更加了解彼此。但是，在艾米提出请求的时候，皮特并没有明确地拒绝，艾米为什么不坚持一下呢？原因很简单，就是因为咖啡杯。艾米在依偎到皮特身边的时候，同时也把自己的咖啡杯和皮特的杯子紧紧地放在了一起，但是，皮特显然还没有准备好结婚，虽然他没有明说，但是他在放咖啡杯的时候，把自己的杯子放到了距离艾米的杯子10厘米左右的地方。这就说明，皮特现在是不想结婚的，所以他才会在不知不觉中把自己的杯子放到了距离艾米的杯子10厘米左右的地方。在生活中，人们把这种现象称为“杯子技巧”。利用“杯子技巧”，可以探知对方的真实想法。例如，你可以像艾米那样找个机会与对方一起喝咖啡，闲聊一会儿之后，假装漫不经心地把自己的杯子贴近对方的杯子，当然，贴近的程度要视你们双方的关系而定。假如对方默默地把杯子移开了，就说明他认为两人还是维持现状好，在他心里目前还没有进一步的打算；反之，假如对方没有移动杯子，就说明你们之间的距离感缩短了。由此一来，透过杯子间的距离，就可以测出两个人之间的心理距离。

在生活中，“杯子技巧”不仅可以用来测试恋人之间的距离，也可以用来测试朋友、同事之间的距离。当然，测试朋友和同事之间的距离时无须像艾米那样把杯子紧紧地贴在一起，只要超过你们平时的亲密界限就可以了。此外，这种杯子效应其实在生活中非常常见。仔细回想一下，你就会发现，每当单位开会的时候，同事之间的座次都是有规律的，你总是会不由自主地靠近一些人，也会不由自主地疏远一些人。此外，乘火车的时候，身边都是陌生人，你与谁的关系更近？只要回想一下就不难发现，你

肯定与自己的邻座、上下铺，或者对面的乘客搭讪更多，而很少与坐得比较远的或者是隔壁车厢的陌生人说话。由此可见，随着空间距离的缩小，人们之间的心理距离也会缩小。在与人交往的过程中，如果我们能够灵活地运用“杯子技巧”，就能方便地测试出对方与自己的心理距离，从而更好地把握交往的节奏和进度。

征求建议，看对方是否真心

陈敏和郑玉是好朋友，从小一起长大。她们每天一起上学，一起放学，一起写作业，一起玩耍，就像亲姐妹一样。高中毕业后，陈敏考上了上海的一所大学，郑玉则考上了北京的一所大学。从此以后，她们每年只有寒暑假才能见面。每次见面的时候，她们都很关心地询问对方的生活，尤其是郑玉，总是刨根问底地问很多陈敏在新学校的情况。其实，郑玉是有点儿妒忌陈敏的，因为她们从小一起长大，而陈敏的学习成绩始终比郑玉略胜一筹，所以郑玉的父母总是让郑玉以陈敏为榜样。郑玉心里很不服气，始终憋着一口气。四年的时间转眼即逝，她们都即将面临大学毕业。众所周知，北京是全国的政治、文化中心，上海是全国的经济中心。所以，在北京的郑玉铆足了劲儿想在工作后与陈敏一较高下，因为她已经厌倦了父母让她向陈敏学习的话，她想成为陈敏的榜样。

工作以后，陈敏和郑玉都非常努力，她们都先后因为出色的表现而得到了提拔。随着升职，她们的薪水也涨了，陈敏给爸爸妈妈换了一个42寸的液晶电视，郑玉马上给父母买了一套家庭影院；陈敏春节的时候带爸爸妈妈去香港玩儿了一圈，郑玉马上就带爸爸妈妈去澳门旅游了一趟。就这样，这场无声的比赛一直在郑玉心里继续着。

又过了几年，到了谈婚论嫁的年龄，陈敏长相秀美，有很多年轻人排着队追，但是陈敏却唯独对一个叫林枫的年轻人情有独钟。林枫长得很帅气，是很招女孩子喜欢的那种类型。不过，林枫有一个最大的缺点，就是有点儿花心，喜欢和女孩子玩暧昧。家里很多人都劝陈敏不要和林枫在

一起，但是陈敏很纠结，舍不得放弃林枫，毕竟相处了一段时间还是有感情的。所以，她便征求郑玉的意见。得知这个消息后，郑玉既惊且喜，惊的是乖乖女这次居然不听父母的劝告要和一个花心的男人在一起；喜的是如果陈敏与林枫在一起，那陈敏注定是不会幸福的。不过，她还是有点儿纠结，毕竟这关乎好朋友一生的幸福。想了几天之后，郑玉终于下定决心给陈敏打电话了，说："陈敏，其实我知道你和林枫之间是有真爱的，不过，既然大家都不看好你们，我想他们也是有道理的……虽然我也知道，结婚之前，男人多多少少都是有点儿花心，结婚之后，他们就会变好，但是我想……额，你还是听从父母的建议与林枫分手吧……毕竟你还年轻，以后一定还会遇到适合你的、爱你的人的。"可以想象，郑玉的这番话对于被爱情冲昏头脑的陈敏来说无异于火上浇油，没多久，陈敏就瞒着父母和林枫结了婚。常言道，不听老人言，吃亏在眼前，陈敏结婚之后，还没度完蜜月，就因为林枫花心不改而天天和林枫吵架。

其实，在生活中，每个人都是有私心的，都有自己心里不为人知的小秘密。在郑玉心里，她的小秘密就是要超过陈敏。虽然她与陈敏亲如姐妹，但是也不妨碍她心里一直坚守着这个小秘密。其实，即使郑玉不这么起反作用地去劝陈敏，陈敏也有可能会坚持自己的选择，从而与林枫结婚，但是，在这件事情里，郑玉的劝告还是起到了很大的推动作用。众所周知，恋爱就像重感冒，使人头昏脑涨，而陈敏之所以征求郑玉的意见，纯粹是因为信任郑玉。但是，让所有人都意想不到的是，郑玉居然起到了推动作用，从某种意义上说，这其实也是郑玉不想看到的，但是，她没有战胜长久以来心里一直存在的小秘密。在生活中，人们在遇到重大抉择难以定夺的时候，总想征求别人的意见，很多时候，他们往往能够从别人的建议中受益匪浅，然而，他们也有被别人的意见误导的时候，最可怕的就在于别人的建议是别有用心的。所以，在征求别人的建议之前，一定要辨别对方是不是真心要帮你。很多时候，要想更好地处理问题，别人的意见只能作为一种参考，关键在于自己要理智、冷静地分析事情，这样才能作出正确的判断和选择。

老人们常说，画虎画皮难画骨，知人知面不知心。朋友之间交往，关

键在于真诚。然而，并非每一个朋友都会真诚地对待你。人们的心里总有一些不为人知的秘密，从本性上来说，人们都是自私的、利己的。就像上述案例中的郑玉一样，即使与陈敏亲如姐妹，也难免会妒忌陈敏。所以，对待一般的朋友时，我们就更要认真辨识，弄清朋友是否真心。这样，在征求别人的建议时，才能更加冷静、理智地取其精华，去其糟粕。

表达喜好，了解对方是否与你否志同道合

童佳静今年27岁了，是一家外企公司的总经理助理。27岁，这个年龄说大不大，说小也不小，看着女儿每天一个人进进出出的，童妈妈开始着急上火，四处联络亲戚朋友给童佳静介绍男朋友。众所周知，最近特别流行相亲，每到周六日，在灯红酒绿之下，酒吧里、咖啡馆里都坐着很多相亲的男男女女。如今，在妈妈的高压政策下，童佳静也成了相亲大军中的一员。但是，童佳静因为条件好，自视甚高，所以很难看得上别人。偶尔有她看得上的，对方却对脸蛋和身材提出了近乎苛刻的要求，因此，童佳静把对对方的喜欢毫不迟疑地转变为鄙视。上大学的时候，童佳静学的是中文专业，大家都知道，学中文的人大多喜欢文学，或者爱读小说，或者爱写诗歌，骨子里总有那么点儿罗曼蒂克，所以，童佳静不仅对对方的修养、品位、长相等有着高标准、严要求，最主要的是，她还希望对方像自己一样也有点儿罗曼蒂克，这样才能合拍，甚至成为像林徽因与梁思成那样志同道合、一往情深的伉俪。

至于相了多少次亲，童佳静已经懒得去数了，其中，只有一次，童佳静觉得对方无论是在修养、品位还是长相方面，都比较符合自己的要求，但是，交往了两三个月之后，她却发现对方俗不可耐，根本听不懂她所说的高雅文学。于是，她果断地选择了与对方分手。这样下去也不是办法啊！总不能每个周末都去相亲吧！但是，又不能不去，因为妈妈一直在紧紧地盯着她。那么，怎样才能判断出对方是否与自己志同道合呢？经过一段时间的学习和探讨后，童佳静终于找到了一个在短期内初步试探对方

是否与自己志同道合的方法，即相亲的时候和对方谈论自己的兴趣爱好。有了这个明确而效果显著的方法之后，童佳静相亲的时候明显轻松多了。坐下来寒暄片刻之后，她就开始与对方谈论文学，例如，玛格丽特·米切尔的《飘》、格里高尔的《静静的顿河》、斯陀夫人的《汤姆大伯的小屋》、米兰·昆德拉的《生命不能承受之轻》等等。就这样，她轻轻松松地否定了大多数人。直至有一天，一个叫李霖的男孩子与她相见恨晚，彼此彻夜长谈对这些文学名著的深刻理解。最终，童佳静认定：就是他了！

的确，要想在短时间内判断对方是否与自己志同道合确实很难，但是，童佳静找到了一条最佳的途径，即与对方谈论自己的兴趣爱好。这个方法不仅使她成功地缩短了每次相亲的时间，而且使她准确地找到了自己想找的人。如果不是使用这个方法，而只局限于眼睛所看到的表象、耳朵所听到的各种条件，那么，童佳静很难在第一时间初步判断李霖是否是自己想找的人，甚至还有可能错过李霖。其实，不管是找恋人，还是与普通朋友交往，都可以使用这个方法来初步判断对方是否与自己志同道合。当然，每个人的喜好都是不一样的，有的人喜欢文学，有的人喜欢绘画，有的人喜欢旅游，有的人喜欢音乐。但是，每个人的目的都是一样的，即找到与自己志同道合的朋友或者是爱人。那么，如果你喜欢文学，就与人谈论你喜爱的作品；如果你喜欢绘画，就与人谈论你喜欢的画家及其作品的风格；如果你喜欢旅游，可谈的东西就太多了，各个地方的秀美景色、风土人情、美食等，都是绝佳的谈论话题；如果你喜欢音乐，就谈谈你喜欢的音乐大师。总而言之，你想找的是与你志同道合的人，如果你真诚地与对方谈论自己的兴趣爱好，那么，只要对方有与你相同或者相近的兴趣爱好，你们彼此之间就一定会产生共鸣。

所谓志同道合，指的是人与人之间拥有相同的志向和志趣，此外，理想、信念也都十分契合。宋代陈亮的《与吕伯恭正字书》之二中说："天下事常出于人意料之外，志同道合，便能引其类。"由此可见，志同道合是一件好事，不管是男人还是女人，不管是穷人还是富人，也不管是位高权重的人还是地位卑微的人，只要大家拥有共同的目标，怀着共同的理想，为了共同的事业并肩奋斗，就一定能够获得成功。

故意透露点隐私，以探出对方的忠诚度

在生活中，当一个人想与另一个人建立特别亲密的关系时，最直接的办法就是分享秘密。为了达到这个目的，人们绞尽脑汁，想方设法，不仅会为对方算命、填写表格，而且会为对方做心理测验的游戏，甚至，很多时候，他们不惜把自己的隐私透露给对方，以交换对方的秘密。当然，也有一些居心叵测的人会用“假秘密”来换别人的“真秘密”。

古人云，“交浅而言深，既为君子所忌，亦为小人所薄。”毫无疑问，不管对谁来说，秘密都是很重要的。所以，一旦一个人对你说出了他的秘密，他就会变得不安起来，因为他不能确定你是否会帮他保守秘密。为了避免自己的秘密被泄露，他通常也会要求你说出自己的秘密。这样一来，就好像双方都握住了对方的把柄，从而能够在关键时刻以此来要挟对方。其实，既然交换秘密并不能使人们觉得轻松，那么，最好的做法是索性不要把自己的秘密告诉别人，同时，也不要听别人的秘密。此外，在秘密传播的过程中，往往会产生很大的副作用，这就更要求我们不要传递自己的秘密。在西方社会，很多公司都明文规定部门主管不允许与普通职员在一个餐厅用餐，目的就在于避免在用餐时，员工听到主管们之间的交谈，然后断章取义地四处传播。不过，凡事都有两面性，假如你的确迫切需要判断一个人对你是否真心、是否忠诚，那么你可以透露一些隐私给他，这样一来，他就会觉得你把他当自己人了，你是因为信任他才把隐私告诉他的。那么，如果他对你真心，他必然会因此而对你感激涕零，更加忠心耿耿，从而达到笼络人心的效果。反之，如果他对你没有真心，他就会把你的隐私说出去，或者不作丝毫回应，把你的隐私烂在肚子里。因此，当你为了试探人心而透露自己的隐私时，一定要记住：最好泄露一些无关紧要的、不会对自己造成负面影响的隐私。这样，即使对方四处传扬你的隐私，也不会给你带来不好的影响。

第3章 懂心理观微妙细节，从举手投足间展现出交际品质

生活和工作中处处充满了竞争，很多时候，即使你的能力很强，也未必能够顺利地获得成功。这是为什么呢？因为很多人不懂得养精蓄锐，一招制敌。总是有很多人过于急躁，迫不及待地想要获得成功，其实，成功并不是唾手可得的，而必须经历耐心的等待。在漫长的等待过程中，假如你能够提升自己的能力，积累宝贵的经验，积攒自己的力量，再加上合适的时机，你就能够一招制敌。

低调点，能力再突出也要低调行事

郑庄公准备伐许。开战之前，为了挑选先行官，他先在国都组织比赛。意识到立功的机会来了，各位大将都跃跃欲试，争先恐后地一显身手。

比赛的第一个项目是击剑格斗。只见盾牌晃动，剑光流转，各位大将都使出十八般武艺，力争在比赛中胜出。经过轮番比试，第一个项目挑选出了六个人，也只有这六个人才有资格参加下一轮比赛。

比赛的第二个项目是比试箭法，要求取胜的六名将领每个人各射三箭，只要射中靶心就取胜了。前面四名将领的三箭有的射中靶心，有的射中靶边，没有一个人是三箭连中靶心的。第五位上来射箭的是公孙子都。他年轻气盛，武艺高强，自视甚高，从不把别人放在眼中。只见公孙子都大步流星地走上台去，搭弓上箭，三箭连中靶心。他高昂着头，瞟了排在他后面的第六名射手一眼，不屑地笑了笑，退下台去了。

最后上来的那位射手叫颖考叔，是个白发苍苍、精神矍铄的老人，连胡子都是雪白的，深得庄公的器重。只见颖考叔从容镇定地走上台去，不慌不忙地“嗖嗖嗖”射出三箭，居然与公孙子都射了个平手，三箭都连中靶心。

比赛进行到现在，只剩下公孙子都和颖考叔两个人了。为了在他们之间分出输赢，庄公派人拉出一辆战车，对他们说：“你们两个人站在百步之外，一起来抢这部战车。谁先抢到手，谁就有资格担任先行官。”公孙子都心里很不屑，他认为一个白发苍苍的老人肯定跑不过他，因此，他轻蔑地看了颖考叔一眼。跑到一半路程的时候，出人意料的事情发生了，公孙子都脚下一滑，控制不好平衡，所以跌了个大跟头。等到公孙子都爬起来时，颖考叔已经跑到了终点，把战车据为己有了。事出意外，公孙子都

一点儿也不服气，因此，他飞快地跑到战车那里，与颖考叔争夺起来。见此情形，庄公赶紧派人阻止，宣布颖考叔担任先行官。因为这件事情，公孙子都一直暗暗怀恨在心。

果然，颖考叔能力非凡，不负庄公的厚望，在进攻许都时，第一个手举大旗从云梯冲上许都城头，大大地鼓舞了士气。看到颖考叔为国家立下了大功，公孙子都嫉妒不已，居然抽出箭来，搭弓瞄准向城头上的颖考叔射过去。这一箭把颖考叔射了个“透心凉”，当场从城头栽了下来。另一位大将瑕叔盈不知道事情的真相，还以为颖考叔在慌乱之中被许兵射中阵亡了，因此，他赶紧拿起战旗，继续指挥士卒冲城，终于成功地占领了许都。

在这个历史典故中，这场争斗最终成全了瑕叔盈。因为瑕叔盈在关键时刻接替颖考叔指挥战争，所以立下了大功，得到了庄公的大力奖赏。显而易见，假如以谁出任先行官作为标准，那么，公孙子都毫无疑问是一个失败者。在整个比赛的过程中，公孙子都目中无人，过于傲气，仗着自己身强体壮、武艺高强，便处处争先，不过，这样一来，却使他意外地摔了一跤，从而陷入了被动地位。相比之下，颖考叔尽管年纪大了，但是仍然不知道收敛锋芒；尽管他凭借自己的经验和老谋深算在比赛中获胜，但是在攻城的紧要关头却好大喜功地扛着大旗抢先上了城头，这样一来，就给了公孙子都用箭射他的机会，最后导致他命丧黄泉。“鹬蚌相争，渔翁得利”，在这个典故中，只有暇叔盈才是最后的赢家。假如公孙子都和颖考叔都能够收敛锋芒，互让一步，那么，公孙子都就有可能成为先行官，颖考叔也不至于落得“透心凉”的下场。

在一个团队中，最需要的就是低调、谦虚的人，也只有这样的人，才能够得到大家的信任和支持。而一旦有了大家的信任和支持，就能够在团队中顺利地开展自己的工作，从而为公司作出贡献。由此可见，谦逊是金。一个谦逊的人，行事低调，更注重行动，而很少大造声势。在别人还在犹豫不决、争吵不休的时候，他已经开始认真地思考怎样才能圆满地解决问题了。可以说，只有谦逊的、行事低调的人，才能够保持不骄不躁的心态，在生活和工作中取得成功。

言多必失，少说话才是真智慧

每年学期期末的时候，为了交流教育思想，互通有无，各大高校都会举行一个酒会。当然，这个酒会并非学校内部的，而是带有很大的娱乐性质，所以，学校中层以上的领导可以携家属参加酒会。因此，某大学的校长把夫人带去一起参加酒会了。在酒会上，人们彼此之间都很友好，虽然不认识，但是都互相交流，谈笑风生。校长去与其他的同事们交流学术思想了，因此，校长夫人只好自己在宴会上四处走动，偶尔和相识的人聊两句。开始用餐了，因为是自助餐，所以大家自由取餐，随便找地方坐下用餐。用餐的时候，一个人神秘兮兮地向校长夫人讲起某校校长剽窃他人论文的秘密，同时表现出对该校长卑鄙行为的强烈不满，最后还说了一大堆攻击该校长的话。

校长夫人的修养很好，一直面带微笑地听着，直到最后，校长夫人才问他："先生，你知道我是谁吗？"

这时，这个大嘴巴先生才如梦初醒地说："哦，对了，我还没有请教您尊姓大名呢！"

听到他这么说，校长夫人莞尔一笑，说："呵呵，我就是你刚才所说的那位校长的妻子。"

听闻此言，这位先生像是受到了惊吓一般，瞠目结舌，目瞪口呆，一句话也说不出来。他满面通红，恨不得找个地缝儿钻进去，场面特别尴尬。毫无疑问，这位先生口无遮拦的行为给校长夫人留下了深刻的印象。

这个案例深刻地说明了一个道理，言多必失。很多时候，假如一个人总是口若悬河地说话，就难免会暴露一些问题。古人云，言多必失，祸从口出。尤其是在人多的场合，一不小心，你的话就可能伤害或者中伤某人。也许，人家当面不会明说，但是却会心存不满，这样一来，自然就会惹祸上身。就像案例中的那个大嘴巴先生，他没搞清楚对方身份就在校长夫人面前说校长的坏话，虽然这些话是在不知道二人关系的情况下说的，但是必将使校长夫人和校长牢牢地记住他以及他所说的话。很多时候，少说话的人

才是聪明人。例如，案例中的校长夫人，非常有涵养，即使听到有人当着她的面说校长的坏话，她也能够控制自己，继续保持倾听的状态，直到最后，她才笑着告诉对方自己就是对方口中那位校长的夫人。比较起来，那个大嘴巴的男人未免有些失策，而校长夫人才是真正的聪明人。

在生活中，很多人将“三缄其口”作为自己的座右铭，就是因为知道言多必失的道理。在社交场合，有的人滔滔不绝、口若悬河，虽然很多人都希望自己能够成为这样的健谈人士，但是这么做其实也是有弊端的。在人多的地方，一旦口无遮拦，说错了话，说漏了嘴，往往很难补救。因此，聪明的人在人多的场合会尽量少说话，即使说话，也会讲究“忌口”。不然，如果因为言行不慎而把事情搞砸，或者导致别人下不了台，那就得不偿失了。纵观各种历史场合，那些成功人士说话的时候都能够很好地把握分寸，往往是惜字如金。无论在什么场合，成功人士都落落大方，不该说的时候，一个字也不说，该说的时候，总能说到事情的关键之处，点石成金。

控制你的情绪，最后一刻再出手

为了研究情绪对健康的影响，美国生理学家艾尔玛曾经做过一个简单的实验。他把一支支玻璃管插在零摄氏度的冰和水混合的容器中，借以收集人们在不同情绪状态下呼出来的“水汽”。研究结果证实，生气时呼出的汽，会出现紫色的沉淀物，如果把这种“带有紫色沉淀物的水”注射到白鼠身上，白鼠就会在几分钟之内死亡。而被试者在心平气和的时候呼出的水汽，凝成的水澄清透明，无色、无杂质。由此可见，怒气的危害是很大的。

章华的脾气很不好，总是容易急躁暴怒。大学毕业后，章华应聘到一家民营企业工作。和章华一起进公司的还有一个叫李强的大学毕业生，他们都被分在了销售部，负责销售业务。在工作中，章华和李强都很珍惜工作的机会，也都非常认真努力。尤其是章华，自从干销售以来，他很少

休息，即使周六日也很辛苦地出去跑业务。功夫不负有心人，在年终公司的年会上，老板特意表扬了章华和李强，还给他们俩颁发了优秀新人奖。虽然只是一个小小的奖励，但是章华的干劲儿更大了，他更加辛苦努力地工作，为公司赢得了很多利润。相比之下，李强也是很努力的，但是，不知道是因为运气的原因，还是因为技巧的原因，李强的销售业绩始终比章华略逊一筹。就这样，又过了一年，章华和李强已经是公司的老员工了。今年9月份的时候，公司突然调整结构，销售部扩大了规模。以前，销售部的业务员都是由销售主管直接管理的，但是现在，销售部将分为三个销售小组，分别设三个销售主管。这样一来，就缺少两个销售主管。在以前的销售业务员中，有一个叫宋智的业务员在公司已经工作六年了，而且销售业绩始终与李强不相上下，因此，大家都觉得这两个销售主管的职位非宋智与章华莫属。谁知道，一个星期之后公布了销售主管的职位，一个是宋智，一个是李强。听到这个消息的时候，章华觉得自己的头都大了。他想不明白为什么没有提升自己为销售主管，因此在公布销售主管名单的当天下午就辞职了。章华辞职以后，李强觉得很纳闷，便去找章华。见到章华的时候，李强说的第一句话就是：“章华，你为什么不愿意当销售经理啊？”“销售经理？”章华不由得问道，“什么销售经理？”李强反问道：“难道你不知道吗？公司之所以把销售部划分为三个销售小组，就是想成立销售部啊，已经内定你为销售经理了，这么好的机会你为什么放弃呢？”听到这里，章华不由得后悔万分，因为没有控制住冲动的脾气，他不仅错失了升职的良机，还失去了一份工作。

生气是一种对身体健康危害很大的行为，艾尔玛的实验充分证明了这一点。在第二个案例中，假如章华能够控制住自己的怒气，再多了解一下事情的真实情况，就不至于因此而错失升职的良机。在生活中，怒气似乎是一种危害很大的能量，如果合理控制，就有可能有所收获；如果稍加控制，它的破坏性就会大大减弱；如果不加以控制，任其肆意发展，就会产生很大的杀伤力。当然，这种杀伤力未必会伤害别人，很多时候，更有可能伤害自己。所以，我们应该学会控制住自己的脾气，不要冲动行事。在生活中，假如每个人都能很好地控制自己的脾气，凡事三思而后行，就

能够更加清醒理智地看清事情的真相。反之，倘若对自己的脾气不加以控制，经常发火，那么就会导致严重的后果。

有一位名人说过，在成功的路上，人们最大的障碍实际上并非资历浅薄，或者是缺少机会，而是不能很好地控制自己的脾气。消沉退缩时，放纵自己的萎靡，白白地浪费很多稍纵即逝的机会；喜出望外时，对自己的情绪不加以控制，往往乐极生悲；悲伤愤怒时，不能及时制怒，从而使周围的合作者望而止步；极度亢奋时，不控制自己的情绪，导致自己得意忘形。作为职场人士，不管是男人还是女人，不管是办公室白领还是建筑工人，不管是企业CEO还是普通的职员，都很难逃脱情绪的包围。人的基本情绪有四种，即喜、怒、哀、惧，正是这四种情绪构成了人们旺盛的生命力及丰富的情感元素。从某种意义上来说，每个人都是情绪的“奴隶”。无论是在生活中还是在工作中，要想生活得幸福美满，在工作上取得成就，就一定要学会控制自己的脾气，看清事情的真相之后再采取合理的措施，这样才能避免因为冲动而伤害自己或者别人。

等待时机，用强大的耐心获取最后胜利

公元前506年，吴王阖闾拜孙武为大将，伍子胥为副将，最终战胜了楚国，成为南方的霸主 。公元前496年，吴国的邻居越国国王勾践即位。吴国一向与越国不和，因此，吴王阖闾想趁勾践新登大宝之际，发兵攻打越国，双方在槜李（浙江嘉兴西南）展开了激烈的战斗。原本，吴王阖闾以为自己有十足的把握打一场大胜仗，想不到勾践誓死抵抗，打败了吴国的军队，而且，吴王阖闾也在这场战争中中箭，身受重伤。吴王年纪已经很大了，回到吴国后没多久就去世了。临死之前，吴王阖闾再三叮嘱他的儿子夫差一定要记得攻打越国，以便报仇雪恨。吴王阖闾的儿子夫差即位后，始终牢记他父亲的“血海深仇”，为此，夫差用了整整三年的时间刻苦练兵，并且亲自率领大军攻打越国。

看到比自己强大的吴国前来挑衅，越王勾践手下有两个著名的大臣，

一个叫文种，一个叫范蠡。他们一致建议勾践不要跟吴国作战，而应该集中兵力守住城池。不过，勾践求胜心切，没有采纳这两位大臣的建议。勾践调集大量军力在太湖周围与吴军展开激战，结果被吴国打败了。既然是战败方，越王勾践迫于无奈，采纳范蠡的建议，向吴国求和，用今天的话来说，就是投降了。经过多方打听，文种得知吴国的大臣伯嚭是个贪财好色的家伙，所以便在私下里送了很多珠宝和美女给伯嚭，并且求他在夫差面前多多替勾践美言几句。虽然伍子胥坚决反对议和，但是吴王夫差还是在伯嚭的劝说下同意了勾践的求和乞求。不过，吴王夫差提出了一个条件，即勾践必须去吴国做奴仆。就这样，勾践不得不去吴国，给夫差喂了两年马，还帮夫差看守父亲的坟墓。两年之后，夫差放勾践回到越国。勾践回到越国之后，立志报仇雪恨。但是，他担心自己会被安逸的生活磨灭志气，因此便把柴草当被褥，并且每次吃饭之前都要先尝尝苦胆的味道。这就是众所周知的“卧薪尝胆”的故事。当然，勾践在自己“卧薪尝胆”的同时，为了迷惑夫差，他还把大美女西施送给了夫差，以此向夫差施展美人计。果然，夫差因为西施的美人计变得越来越迷糊了。公元前475年，越王勾践顺利地降服了吴王夫差，并且把夫差逼得自杀了。自此，春秋时期彻底结束，进入了战国时代，中国的封建时代拉开了帷幕。

勾践“卧薪尝胆”的故事已经在中国流传了几千年，其间，众说纷纭，有褒有贬，但是，有一件事情是确定无疑的，即大家都很肯定勾践耐心地等待时间的力量。曾经贵为一国之君的勾践，因为国破家亡，所以不得不沦为阶下囚，忍辱负重地生活着。为了迷惑夫差，勾践甘心当夫差的喂马夫，还看守夫差父亲的坟墓。这种屈辱，简直比死更让人难受。其实，勾践并不是怕死，而是在等待时机东山再起。勾践忍受了一般人不能忍受的屈辱，并且将之转化为自己的动力。即使回国以后，能够享受安逸的生活，勾践也没有忘记自己曾经受过的屈辱和深仇大恨，因此，他放任舒适奢华的宫殿不住，而住在茅草屋中，以柴草当被褥，还在每次吃饭之前都先尝苦胆的味道。在勾践的心中，牢牢地记着家国之恨、个人之仇。勾践等待了整整二十年，才集中自己的所有力量奋力出击，一举灭吴。勾践站在吴王宫殿仰天长啸，把纠缠了他二十年之久的屈辱一泻千里！由此

可见，要想品尝成功的喜悦，就要耐心地等待时机，以争取最后的胜利。

在生活中，人们也常说“磨刀不误砍柴工”。其实，说的也是这个道理。很多时候，人们往往过于急躁，明明时机不够成熟，条件也不完全具备，但是却仓促应战，这样一来，就很难取得成功。而有的人则有足够的耐心，等待合适的时机到来之时，再一举出击，从而取得了最后的胜利。现在，很多人都不知道应该怎样才能取得成功，其实，缺的就是强大的耐心。只要你有强大的耐心，锤炼自己，积聚力量，就一定能够等到最合适的时机，取得最终的胜利。尤其是在职场上，很多时候，机会转瞬即逝，即使没有抓住合适的机会，也不要着急，而要戒骄戒躁，提高自己的能力，积累丰富的经验，这样一来，当下次机会到来时，你才能更好地把握时机，发展自己的事业，从而获得成功。

何必针锋相对，而应转移对方视线巧迎战

前些年，意大利米兰足球俱乐部的一位著名球星想得到更高的年度合同酬金，因此，他接连几个赛季都试着自己去谈判，但是，始终没能达成令他满意的协议。虽然这名运动员很聪明，但是他却生性腼腆。由于那个总经理手中握有一张王牌：在与球星订立的合同中，有一项规定运动员不能跳槽的保留条款。因此，这个球星即使没有争取到加薪的要求，也无法跳槽。几个回合下来，他承认自己斗不过那个铁面无情、唯利是图的总经理。 球星不由得苦苦思索，如何才能使态度强硬的总经理答应自己的要求呢？突然有一天，球星脑中灵光一闪，虽然那项保留条款使他既不能迫使总经理给他加薪，也不能在合同期内跳槽，但是，这个条款却无法阻止他退出体育界。为了给总经理施加压力，增加自己的谈判筹码，他果断地向总经理说出自己要退出体育圈、加入影视界的计划。

虽然这名运动员非常害羞，不善于表现自己，但是他却长得特别帅气，模样颇讨人喜欢，再加上他在体育界的盛名，因此很多人都对他非常好奇，十分想在银幕和荧屏上一睹他的风采。因此，他中断了自己的体育

事业，开始和一个独资的制片商接洽，并且还草拟了一份为期三年的合同。与此同时，他还把这一切都通知了新闻界。这无异于体育界和影视界的一个重磅新闻，因此，大众传媒对此进行了大肆渲染。这样一来，原本胜券在握的总经理受到了巨大压力，因为一旦这名球星挂靴而去，球迷们定会不依不饶地闹个天翻地覆，他的生意自然也就黄了。迫于无奈，他不得不满足球星的加薪要求。

一名推销员来到一家建筑设计公司，向一群工程师推销他们公司的打印机。这种打印机的价格非常昂贵，每台高达一万美元。虽然推销员口若悬河地把自己的产品详细介绍了一番，但是，工程师们全都默不作声、面无表情地看着他，这使推销员十分尴尬。推销员心里很明白，其主要原因在于价格昂贵。因此，他略经思索，决定从产品的质量入手，为工程师们进行一次别出心裁的演示。

出乎工程师们的意料，这名推销员在推销无果的情况下竟然生气了。他愤怒地把机器从桌子上搬下来，生气地扔到地上；他脱掉皮鞋，使劲儿甩出去，砸在打印机上；他竭尽全力地捶打着电子元件的机箱。这可是一台价值一万美元的打印机呀！工程师们全都围了过来，想看看这个“疯子”到底准备干什么。谁知，他们却惊讶地发现，打印机不仅完好无损，而且还在勤勤恳恳地工作着。其中一位工程师小声说：“让我看看！上帝啊，看看呀！没有一个数码是错的！”结果是显而易见的。此时，工程师们已经不再关注这台打印机的价格了，转而纷纷同意购买这种打印机。

这两个案例都深刻地说明了一个道理，而球星和打印机推销员正是因为深谙这个道理，才最终实现了自己的目的。试想，假如球星一直按照之前的策略与总经理谈判，那么，结果非但毫无改变，而且这个球星也会因此而变得郁郁寡欢，影响自己的生活和工作，甚至还有可能因为心情郁闷在球场上频频失误。而那个打印机推销员，假如一直强调自己的产品多么好，只会使自己的话显得空洞无力，最终招致工程师们的反感，甚至还会被轰出去。那么，他们是如何成功的呢？他们有一个共同之处，即都采取了曲线救国的策略。面对总经理的冷漠无情、唯利是图，球星没有过多地纠缠，而是在公众面前扬言自己要去影视圈发展，而且还真的找了一个

制片人开始谈论细节。众所周知，球迷的热情是很高的，假如球迷知道这个著名球星因为加薪的要求没有得到满足而放弃了体育事业，那么总经理的事业必然会受到巨大的冲击。权衡利弊，总经理自然知道自己应该怎么做。而打印机推销员知道在昂贵的价格面前，自己说什么都显得很无力，为此，他首先要做的就是向工程师们验证自己所介绍的产品的一切优点都是真的，因此，他佯装愤怒无比，甚至工程师们怀疑他疯了，居然想砸烂一台价值高达一万美元的机器。但是，工程师们却发现自己的担心是多余的，结果大家都知道了，在事实面前，工程师们纷纷同意购买这种打印机。

很多时候，针尖对麦芒只会加剧对方的反感和排斥心理，此时不如巧妙地转移对方的视线，从另一个角度强有力地说明事情真相。由此可见，看上去最漫长的迂回道路，往往是达到目的的最短途径。在谈判的过程中，假如遇到正面的阻碍，最好的办法就是绕而行之，曲径通幽。如果你能够学会巧妙地运用迂回的谈判方法，就能够达到事半功倍的效果，这是开门见山的谈判方法所无法比拟的！这个道理同样适用于推销，因为推销其实也是一个谈判的过程，即让对方在你的说服下认可你的思想、接受你的建议或者是产品！

选择熟悉的环境，占尽心理优势

小玲和玉敏是高中同学，高考报志愿的时候，她们报考了同一所师范类院校。转眼之间，她们已经是即将毕业的大四学生了。大四下学期，学校安排她们进行为期两个月的实习。小玲和玉敏都被安排进了县实验小学实习。在她们那个小小的县城，实验小学是最好的小学学校，很多教师都四处托关系想进这所小学。因此，小玲和玉敏都非常珍惜这次实习的机会。巧得很，小玲的小学就是在实验小学就读的，因此，小玲对这所学校非常熟悉，而且，她上小学时的老师现在还在这所学校里工作呢！在实习之余，小玲非常积极地帮助自己以前的老师批改学生作业，为此，她很快

就与大多数老师熟悉了。相比之下，玉敏对这所学校则显得比较陌生，因为她的小学是在另一所小学就读的。不过，玉敏非常外向开朗，因此，在小玲的介绍下，她也认识了很多老师。转眼之间，实习就要结束了，在这短短两个月的时间里，孩子们已经和小玲、玉敏相处得很好了，老师们也习惯了有她们存在的办公室。

实习结束的前夕，老师们纷纷说："小玲、玉敏，毕业以后还来咱们学校吧，大家在一起多好啊！"小玲确实很想进实验小学工作，因此，她抓住机会和老师们联络感情，为将来能进这所学校做准备。其实，小玲和玉敏都非常优秀，所以，校长很想让她们毕业以后回到学校任职。得知这个消息的时候，小玲欣喜若狂，但是玉敏却显得很平静。原来，玉敏想在毕业之后去大城市的私立学校应聘。为此，小玲劝她说："玉敏，这个机会多么难得啊！多少人做梦都着进实验小学呢，对于咱们来说，这无异于天上掉馅饼的好事啊！我觉得你应该好好珍惜，毕竟，这里有咱们熟悉的人和事，不管是生活还是事业上的发展，都会更加顺利的！"但是，玉敏似乎已经厌倦了在熟悉的环境里生活，一门心思地想去外地应聘。

大学毕业后，小玲如愿以偿地进入了实验小学，因为曾经在这里实习过，所以，她的教学工作进展得很顺利，工作第一年就获得了优秀新人奖，工作第二年就加入了学科小组，而且在自己的努力下成了学科带头人。三年之后，小玲已经成为全校最年轻的办公室主任了，只要她继续努力，等待她的将是学科主任的职位。而玉敏呢？大学毕业后义无反顾地背起行囊去了大城市，直到半年以后，她才在一家私立学校找到了工作。但是，因为人生地不熟，不仅给生活带来很多不方便，而且玉敏在学校也一直发展得不顺利。大城市人才众多，在省内读大学的玉敏不占丝毫优势，反而处处受那些名牌大学生的排挤。就这样，工作了两年之后，玉敏因为郁郁不得志，辞掉了工作，改行去一个民营小企业当文员了。

其实，小玲和玉敏的起点是一样的，假如她们都在实验小学工作，就很难说谁会发展得更快更好。不过，因为玉敏选择了一个人去陌生的城市打拼，所以，她的起点无疑就不如在熟悉的环境中工作的小玲更有优势了。其实，大城市并不像很多人想象的那么美好，虽然大城市的工作机会

多，但是大城市的竞争也更加激烈，而且人才济济，很难出类拔萃。相比之下，如果你能够在熟悉的环境中谋求一份不错的工作，也不失为一个很好的选择。

在职场中，很多求职者盲目地应聘大企业、外资企业，其实，如果能够在自己相对熟悉的民营企业甚至小公司找到一份合适的工作，也许更适合自己的发展。因为只有在熟悉的环境中，我们才更有优势。喜欢看世界杯的人，都会知道，在足球比赛中，主场优势非常大。以世界杯为例，很多国家就是因为凭借主场优势，才获得了唯一的一次冠军，如法兰西、英格兰等球队。此外，还有很多国家也有在本土获得冠军的经历，如意大利、德国、乌拉圭、阿根廷等。再以欧洲联赛为例，一支球队主场和客场所获得的积分往往相差很大。究其原因，就是因为主场优势。其实，这个道理同样适用于工作和生活中。总而言之，一定要牢记，只有在熟悉的环境中，我们才会更有优势。

第4章 懂心理避开陷阱，巧妙地与小人展开智慧博弈

在现实社会中，什么样的人都有，每个人的性格和心地都不一样。每天，人们熙熙攘攘地生活在这个地球上，为了各种各样的目的而忙碌奔波着。常言道，害人之心不可有，防人之心不可无。的确，为了保护自己，有的时候是应该有防人之心的。其实，防人的时候未必需要草木皆兵，只要留心避开那些常见的陷阱就可以了。

防备四处传播的“小喇叭”，始终维护自己的名声

梁静刚刚大学毕业，孤身一人来到北京打拼。北漂的日子无疑是艰辛的，梁静每天都早出晚归地找工作。就这样，一个多月以后，身心俱疲的她终于找到了一个相对满意的工作。梁静很珍惜这次工作机会，在单位里任劳任怨、尽职尽责。每天，她都提前半个小时到办公室打扫卫生，把办公室打扫得纤尘不染。甚至，老板还在会议上树立他们办公室为全公司的楷模。渐渐地，同事们都喜欢上了勤快的梁静。梁静不太爱说话，除了工作之外，每当有同事找她交流时，她也多以倾听为主，以微笑面对他们。所以，在这个蜚短流长的办公室里，虽然梁静已经工作半年了，但是没有任何关于梁静的负面新闻。

没多久，公司里又来了一个新人，叫柯以敏。柯以敏的性格和梁静截然相反，她每天都咋咋呼呼的，喜欢大呼小叫。职场人士都知道，休息室、茶水间和洗手间是办公室里流言的发散地。不久，同事们就发现，只要是有人在闲谈的地方，就有柯以敏的身影。她不仅喜欢暴露自己的隐私，还喜欢打探别人的隐私，最关键的是她像一个高分贝的喇叭，不管什么事情，只要她知道了，几乎就相当于整个公司都知道了。有一次，梁静正在洗手间和一个处得比较好的同事正在洗手间说一点儿私人的小秘密，结果，柯以敏突然进来了。虽然当时柯以敏没有说什么，但是当天下午，梁静和那个同事所说的话就传遍了整个公司。经历了这件事情后，同事们都知道了柯以敏是个高分贝喇叭，自此，不管是女同事还是男同事，只要见到柯以敏就会绕着走。渐渐地，柯以敏就没脸在公司待下去了，于是主动提出了辞职。

而梁静，因为一直谨言慎行，所以同事们都很喜欢她，在公司开辟新

部门的时候，同事们一致推选她为部门主管。自此，她的事业发展得越来越顺利。

从上述案例中，我们不难发现，没有人喜欢“长舌妇”，当然也没有人喜欢“大嘴巴”的男人。总而言之，不管是男人还是女人，都应该管好自己的嘴，不要总是把别人的隐私挂在嘴边。通常情况下，只有爱挑拨离间的人才喜欢在背后议论别人。也正因为在背后议论别人，才使挑拨离间者得以生存。在生活中，不管是在大学校园还是在职场，大家都有过不同程度的体会，总有这样一群人，他们非常虚伪，言行不一致，人前人后不一致。很多时候，这样的人当着别人的面时奴颜婢膝、无比热情，但是，不等人家转过身去，他就口出恶语，把人骂得狗血喷头，甚至还会凭空捏造一些子虚乌有的事情陷害别人。几乎在每一个社交圈里，都会有一两个这样的人。通常情况下，他们的特征很明显，即看上去活泼开朗、毫无心机，其实是想以此来麻痹别人，借机打听别人的私生活。为了让你敞开心扉与他交流，他甚至会故意在你面前说某人的坏话，如领导的，而一旦你顺着他的话说下去，他就会在第一时间赶去领导面前打小报告，这种行为是典型的诱骗你评价同事。因此，如果有人在你面前说别人的坏话，即使你心里很认同他的观点，也不要随声附和，而要提高警惕。你一定要记住，如果一个人能够在你面前说别人的坏话，那么，这个人就肯定会在别人面前说你的坏话。

那么，到底应该怎么办呢？最好的办法是既不附和，也不反对，而应该这只耳朵进，那只耳朵出。一旦你发现某人喜欢在一个人面前说另一个人的坏话，首先，你就要怀疑说话者的人品问题，然后在下次遇到他时绕道而行，不给他在背后说人坏话的机会，至少不给他在你面前说别人坏话的机会。在职场中，有人擅长坐山观虎斗，有人喜欢搬弄是非，对你来说，如果你希望自己的职业生涯能够顺利一些，少一些节外生枝，那么最好的办法就是离那些喜欢说别人隐私的人远远的，躲得越远越好。否则，这个人可能这一刻还在你面前猛夸你的长处，痛斥他人短处，下一刻，在你还没来得及转身的时候，他很可能就会改变句子的主语把同样的话再对别人重说一遍。职场中有句话非常流行，叫“大公司做人，小公司做

事”。事实的确如此。在大公司里，人员比较多，鱼龙混杂，需要同事之间彼此配合完成的工作也比较多。所以，要想把工作做好，首先要搞好与同事之间的关系，只有把人际关系搞好了，工作上才会更加顺利。而在小公司，环境相对简单，员工也比较少，因此往往一人身兼数职，合作沟通起来也没有那么困难。和柯以敏比起来，梁静的为人处世无疑更加成功，得到了同事们的认可和肯定。而梁静之所以能够成功，关键就在于她远离了是非，远离了那些喜欢说别人隐私的人。

在生活中，在职场中，有一种人天生就是“长舌妇”，当然，这里的“长舌妇”并不专指女人，也包括那些“大嘴巴”的男人。这些人，如果每天不说些蜚短流长，就会觉得不舒服。碰到这种人的时候，有的人会因为不好意思直接走开而随口敷衍几句，但是，即使是这样，也会带来无法预料的后果。也许到不了明天，我们就会发现自己随声的附和居然变成不折不扣的评价传到了当事人的耳朵里，而且，某人已经无数倍地夸大了你附和的原意。如此一来，轻则对方找上门来，重则人家从此在心里就给你记好了这笔账，以找准合适的时机再与你算账。那么，既然“长舌妇”这么可怕，有没有什么化解的招数呢？当然有。方法有二：其一是顾左右而言他，在对方讲述他人是非的时候，你可以驴唇不对马嘴地自顾自地谈美容、谈健身、谈时装、谈娱乐八卦新闻，总而言之，所有与工作或者同事无关的话题都可以谈，但就是坚持不说谁是谁非；其二是保持沉默，任由“长舌妇”说得唾沫横飞、天花乱坠，你只要管好自己的嘴巴，不发表任何言论就行了。这样一来，时间长了，她就会觉得与你交谈有些尴尬无聊，从而就再也不会在你面前说东道西了。总而言之，作为职场人士，要想洁身自好，必须记住一句话：是非的旋涡特别深，一旦掉进去，就会越陷越深。

懂得保护自己，躲开城府深的“老油条”

小徐与小唐都是刚刚毕业的大学生，同时被招进公司的业务部，专门

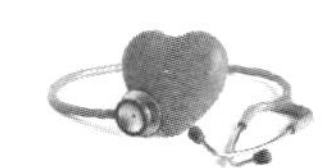

在全国各地跑业务，所以他们俩的关系非常好，走得很近。

有一次，公司在海南搞了一个大项目，需要销售人员去联系一些相关业务。但是，因为业务量大，老总担心一个业务员能力不够，所以决定派两个业务员一起拿下这笔业务。这样一来，小徐与小唐就被双双派去了海南。虽然是出差，但是两个年轻人在一起还是很轻松、很热闹。在火车上，他们一起打牌、喝啤酒、聊天，彼此之间越来越熟悉。到了海南以后，他们两个人联手一举拿下了相关业务，比预计的时间提前了好几天，因此，老总特批他们在海南玩三天再回来，差旅费由公司报销，他们每人只要负责自己的景点门票就可以了。这两个年轻人痛痛快快地玩了个够！在海南的最后一天，他们俩专门找了一家饭店大吃大喝了一顿。席间，小唐说："小徐，咱们这个老板可是不错，还奖励咱们公款旅游了三天，这可是个大方的老板呀！回去以后，咱们一定要好好干，既给老板多挣钱，也给自己攒钱买房娶媳妇儿！"小徐有点儿喝多了，说话都不清楚了，大着舌头说："是呀，咱们一定要抓住这个机会好好挣钱。"接着，小徐又说："小唐，来公司这一年，你老实告诉我你攒了多少钱？"听了这话，小唐惊讶地张大嘴巴说："攒钱？怎么可能呢？咱们每个月的工资才两千多，每次出差，虽然公司报销差旅费，但是看到喜欢的东西会买下来作为礼物送给亲戚朋友，所以，我几乎每个月都花光了。"小徐坏坏地笑着说："我可没说工资啊，我说的是别的钱。咱们俩是一起进公司的，我都攒了两万了，你还会少？我可是数了，你联系成的业务比我多六个呢！"小唐还是不明所以，说："这和业务有什么关系啊，你忘啦，咱们第一年是试用期，不计算业务量的，只有基本工资。"小徐不耐烦地说："你小子还和我装，回扣啊，你可别告诉我你没拿过回扣，谁信哪！"小唐至此恍然大悟，连声说："小徐，你喝多了，咱们赶紧回去睡觉吧，明儿一早还要赶火车回去呢！"小徐酒醒之后，很担心自己醉酒时说了什么不该说的话。不过，又过去了半年，大家都相安无事，所以他也渐渐地放心了。

半年后，原来的销售主管升为副总了，所以公司想提拔一个新人当销售主管，因为领导觉得新人有热情且富于创新性。在正式公布结果的前一天，几乎全公司的人都知道已经定下来要提拔小徐了，但是，第二天公布

的却是小唐，而且公司还把小徐给开除了。这个结果出乎大家的意料，不过，小徐、小唐以及相关领导的心里都清楚是怎么回事。尤其是小徐，肠子都快悔青了。

在上述案例中，小徐在酒过三巡之后和小唐互诉衷肠时说出了自己拿回扣的秘密。说完之后，他又后悔了，因为这个秘密事关自己的前途。但是，过了半年还是相安无事，所以小徐的心渐渐地放了下来，他觉得自己或者根本就没说，或者即使说了，小唐也当成醉话了，不会捅出去的。其实，小徐想错了。小唐之前之所以没说，是因为他与小徐没有利益冲突。到了生死存亡的关头，或者是小徐晋升，或者是小唐晋升，那么，为了自己的事业和前途，小唐还是在最后一天把这件事情汇报给了领导。至于结果如何，大家都已经知道了。

很多时候，人们都说同学和战友的友谊是最值得珍惜的，因为纯洁，因为真诚。和同学情谊、战友关系比起来，同事关系就显得没那么牢靠了。在职场上，每个人都在竭尽全力地往上爬，或者为了加薪，或者为了升职。所以，同事之间的竞争关系是很激烈的，尤其是实力相当的同事之间。人在职场，要想有个好前途，得到提拔和重用，除了要努力提高自己的工作能力之外，更要努力提高自己的职场修养，管好自己的嘴巴。当你兴奋得过了头，想把自己的秘密告诉别人时，最好三思而后行，因为一时的痛快，很可能会毁了你来之不易的前途。

机灵一点，别因为他人的“挑唆”而说出对别人不满的话

李强是某公司的一名销售员，业绩一直处于中等水平，既不高，也不低。不过，因为李强的妻子是公司副总的小姨子，所以，李强被提拔为销售部主管。原本大家都是同事，而且业绩不相上下，甚至比李强更好，但是，如今李强一步登天，居然成了销售主管，不管对谁来说，这都无异于一记重磅炸弹。虽然有一部分同事是出于酸葡萄心理，但也确实有一部分同事本身就比李强的资历深，业绩也比李强优秀。背地里，大家你一言我

一语，众说纷纭："哼，论资历，他比我晚来公司两年；论业绩，他的业绩也没有我好，但是人家有裙带关系啊！""真是的，升官也要升得人们心服口服啊，升他当销售部主管，有谁能服气？"一时间，销售部的同事们群情激奋，你一句我一句，把李强数落得一无是处。

小记是刚刚应聘到公司销售部的大学毕业生，他看到大家越说越激动，也借机说了很多关于李强的坏话，例如，李强工作能力不强、疑心太重、与同事之间有隔阂等。不过，俗话说，画虎画皮难画骨，知人知面难知心。在这些人中，同事朱某是个两面三刀的人物，朱某虽然当着大家的面也义愤填膺地说李强的坏话，但他其实是李强的耳目，私下里与李强的关系特别好。大家不禁纳闷，既然他与李强是好朋友，又为什么要说李强的坏话呢？其实，这是李强与朱某的计谋，即让朱某假装说李强的坏话，这样一来，在朱某的"挑唆"下，大家就会无所顾忌地说李强的坏话。而过不了当晚，朱某就会找机会把大家所说的坏话告诉李强。

其实，李强也知道销售部有很多资历和业绩都比他强很多的人，所以，他晋升为销售部主管一定会引起大家强烈的不满。为了了解大家的真实想法，更好地展开工作，避开工作中同事们的情绪暗礁，李强特派朱某"带头"说他的坏话，从而更好地了解大家的情绪状态。

当朱某把大家的不满和不服气纷纷传达给李强之后，李强想：其实，这些同事的不满都在我的意料之中。但是，出乎我意料的是，小记这个乳臭未干的臭小子居然也敢当众说我的坏话。他进公司刚刚两个月，有什么资格说我呢？！自此之后，李强在工作中处处为难小记，给小记小鞋穿。又过了几个月，小记主动辞职了。直到最后小记也不明白，自己并不是第一个也不是唯一一个说李强坏话的人，为什么李强单单容不下自己呢？

在上述案例中，小记的确不是第一个也不是唯一一个说李强坏话的人。但是，为什么李强唯独容不下小记呢？原因就是小记刚刚大学毕业，不仅没有任何业绩，而且没有任何资历，所以，他确实不应该在这种时候出头。小记的错误，就是典型的在别人的"挑唆"下说出了对某个人的不满。其实，小记真的对李强有那么大的意见吗？未必。很有可能，小记只是为了迎合大家，才说出了那样的话，归根结底，他还是被朱某的"挑

唆”蒙蔽了，害得自己失去了来之不易的工作，成了背后说别人坏话的牺牲品。其实，人与人之间的关系是很复杂、很敏感的。尤其是在办公室里，几个人在一起难免会闲聊。说到某个人时，大家还会同仇敌忾地说出一大串坏话。每当这种时候，总是有很多人把持不住自己，也随声附和地说某人的坏话，其结果不难想象，早晚有一天，这种坏话会被添油加醋地传到当事人的耳朵里。即使对方是人品高尚的人，心里也难免会有些过不去；万一对方是一个心胸狭隘的小人，轻则以其人之道还治其人之身，重则暗地里下刀子，伺机报复。

人们常说，多个朋友多条路，少个朋友多堵墙。无一例外，每个人都不喜欢听别人说自己不好，而都喜欢听别人说自己好。俗话说，世上没有不透风的墙，不管一个人说了别人什么，别人迟早会知道的。如果你在背后夸奖别人，那么，别人知道后一定会很开心；反之，如果你在背后批评、指责别人，当有一天别人知道后，一定会心生不快，甚至会为你们以后的交往埋下隐患。在日常生活中，我们难免会遇到别人在自己面前说某个人的坏话，此时，我们一定要端正自己的态度，不要为了迎合他人而随之去指责、批评某人。最好的办法是，如果发现别人在你面前说某个人的坏话，就赶紧走开，即使走不了，也不要插嘴，只要微笑一下就可以了。总而言之，每当遇到有他人围在一起说某人坏话时，不管你是否确定那些人中有故意“挑唆”的托儿，都要谨言慎行。只有这样，才能更好地与人相处，也才不至于使自己陷入被动的尴尬处境。

说话不说满，以免被他人抓住把柄

魏文帝曹丕对人冷漠无情，心胸狭隘。曹操在位时，鲍勋担任魏郡西部都尉的官职，负责邺城（今河北临漳县）西部的治安。那个时候，曹丕还是太子，他的夫人郭妃之弟因为触犯了法律，鲍勋便将他依法抓捕了。为了此事，曹丕出面求情，但是鲍勋为人清正廉明，拒不答应，依法惩办了郭妃之弟。自此以后，因为这件事情，曹丕一直耿耿于怀，总想伺机报

复鲍勋。

曹丕即位后，鲍勋不仅没有避让风头，反而更加直言不讳地向曹丕进谏。因为鲍勋进谏的方式和措辞过于直接，有几次惹得曹丕勃然大怒。然而，如今的曹丕已经不同于往日了，他掌握着满朝文武的生杀大权，完全可以任意处置鲍勋。

有一次行军宿营，鲍勋担任营中执法官。一天，他的一个朋友来军营探望他，因为军营还没有建好，所以朋友从中抄了近道。按照军规，军营内是不许抄近道的。军营令要以违反军规处置鲍勋的那个朋友，鲍勋以营垒刚刚打桩画线、还没有建成为由，为朋友据理力争。

曹丕知道这件事情后，大喜过望，他终于抓住了鲍勋的把柄，因此马上下令道："鲍勋指鹿为马，应交办治罪！"

执法大臣接到命令后非常为难，因为鲍勋并没有违反军规，而只是念及朋友情谊保护了友人而已，性质根本没有这么严重，更不至于被比成大奸臣赵高呀！曹丕勃然大怒，说道："鲍勋罪在必死，如果你们胆敢袒护他，我就将你们一并治罪！"

事已至此，朝中的一大批元老重臣都认为曹丕未免有公报私仇之嫌，因此全都出面为鲍勋求情，就连主持司法的大臣高柔，也舍生取义地坚决拒绝执行处斩鲍勋的诏命。这下子，曹丕更加生气了，他把高柔召到朝堂软禁起来，亲自出面派遣使臣杀了鲍勋，然后才放了高柔。

在上述案例中，虽然曹丕的确冷漠无情、心胸狭隘，但是，鲍勋其实也有一定的错误。古人常说，伴君如伴虎，作为大臣，在和帝王相处的时候，一定要讲究方式方法，既要据理力争，也要保全自己的性命。而鲍勋的错误之处恰恰在于他只看到眼前的事情，而没有长远考虑身后的事情，做事情的时候有欠考虑。也许，他至死都不知道为什么曹丕一定要因为这点儿小事而处死自己。由此可见，在做事情的时候，一定要三思而后行，特别是对地位比自己高的人，在交流和相处的时候更要谨言慎行，这样才不至于在不知不觉之间给自己惹来杀身之祸。当然，现代社会已然没有了真正意义上的杀身之祸，但是，人在职场，如果因为言行不慎而导致自己失去工作，不也很可惜吗？

著名的哲学家、教育家苏格拉底曾经说过："一颗完全理智的心，就像是一把锋利无比的刀，会割伤使用它的人。"在这个世界上，没有任何事情是完全绝对的，每件事情都像一枚硬币似的具有两面性。这就告诫人们，不管是说话还是做事，都要给自己留有回旋的余地。看书的时候，我们总是发现书页的四周留有一些空白的地方；仔细观察水泥路面，我们不难发现，每隔一段距离，水泥路面之间就会有缝隙；即使是农民种庄稼，也会在行与行之间留下空隙……其实，这些都是留有余地。做人做事也一样，只有给自己留有余地，一旦事情发生变化，才不至于使自己陷于尴尬、进退两难的境地。做人的艺术，就是要讲究平衡，既要左顾右盼，又要瞻前顾后。要想更好地生活在这个世界上，千万不要让自己的言行和思维沿着一个方向发展，甚至走向极端。不管面对什么事情或人物，在你作出论断的时候，一定要给自己留下余地。对于别人所说的话，我们一定要结合实际情况综合考量，不可片面地主观臆断。在社会上生存，不管是处世还是做人，都应该学会给自己留有余地，留条后路，事情不要做得太绝，话也不要说得太满。只有凡事给自己留有余地，才能在回头的时候有路可走，从而避免彻底失败的命运。

总而言之，人有很多种智慧，然而，真正能够称得上人生智慧的就是给自己留点余地。说话要有弹性，做事要有分寸，凡事都讲究灵活的安排，以使自己回旋的余地更大。否则，一旦被别人抓住把柄，就会在无形之中给自己的人生设置障碍，甚至改变自己的人生轨迹。

一味地依赖别人，容易被人利用

一个人在屋檐下躲雨，突然看见远处走来了一位撑着伞的禅师，因此，他大声喊道："禅师！佛法讲求普度众生，你可以度我一程吗？"禅师说："我走在雨里，你躲在屋檐下，我被雨包围着，而你藏身的屋檐下却根本没有雨，你有何需我度你呢？"

听到禅师这么说，那个人赶紧走出屋檐，站在雨里，说："您看，

我现在也在雨里了，如今，您可以度我了吧？”禅师还是说：“我依然不能度你！”那个人疑惑不解地问道：“刚才我在屋檐下您不度我，现在我在雨里，您为什么还是不度我呢？”禅师说：“此时此刻，咱们俩的处境是一样的，即都在雨中。唯一的区别在于我带伞了，而你没有带伞，所以我没有淋雨，而你却淋雨了。确切地说，我之所以没有淋雨，是因为伞度我，因此，我根本无法度你。假如你想找人度你，那么，你根本不必找我，正确的做法是找伞！”

虽然那个人被大雨淋得浑身都湿透了，但是直到最后，禅师也没有度他。

那人愤愤不平地说：“既然不愿意度我，就应该早点儿说明。绕了这么大一个圈子，是故意想让我淋雨吧。人们都说佛法讲求‘普度众生’，我看佛法是‘专度自己’！”

禅师听了，丝毫没有生气，而是平心静气地说：“想要不淋雨，出门的时候就要记得带伞。”

有的人总想依赖别人，即使看到天马上就下雨了，也不带伞，一心只想着别人肯定会带伞，也肯定会帮助他，实际上，这种想法是最害人的。如果一个人不依靠自己的努力，而一心只想着依赖别人，到头来终将毫无所得。实际上，真正悟道的人是不会被外物干扰的。人生来就有自性，只是有的人因为平日不去寻找，所以还没有找到而已。如果自己不作任何努力，只把眼光放在别人身上，想依靠别人成功，那简直是不可能的。

有一天，一个老人和一个年轻人一起来到沙漠里栽种胡杨树。等到树苗成活以后，老人就很少来，即使偶尔来了，也只是扶一扶被风刮倒的树苗，不浇一点儿水，任由胡杨树自由地生长；年轻人却觉得沙漠里太干旱了，树苗很难长成大树，所以每隔几天就来给树苗浇水。几年过去了，老人种的胡杨树看着很干枯，毫无生气，就像在沙漠中渴了很久的枯树一样。而年轻人种的胡杨树则不一样，郁郁葱葱，长得很粗壮。沙漠里的气候很恶劣，突然有一天，刮起了罕见的沙尘暴。风停后，人们惊讶地发现老人种的胡杨树只被风吹折了一些树枝，吹掉了一些树叶，而年轻人栽的胡杨树几乎全被风刮倒了，有的甚至被连根拔起。年轻人疑惑不解，就问

老人这是为什么，老人缓缓地说道："这是因为你总是隔三岔五地来给树浇水施肥，这样一来，它们自己就不会努力把根往泥土深处扎以汲取养分和水分。而我种的树则不同。自从树苗成活以后，我从来没有给树浇过水，因为生存环境的恶劣，所以它们不得不把自己的根扎到地底下的泉源中。你想，树有这么深的根，怎么可能轻易地被风刮倒呢？"

以上两个案例都说明了一个道理，过分地依赖别人，必将使自己在面对困境的时候手足无措。就和胡杨树一样，任何时候，人都应该靠自己，只有这样，才能从容地面对人生的风风雨雨。这个道理同样适用于职场。虽然职场不讲求佛法，环境也不像沙漠那般恶劣，但是，职场却同样要求每一个人勤奋努力，依靠自己获得成功。

现代社会，竞争越来越激烈，职场人士的压力也越来越大，在巨大的生存压力下，人们之间钩心斗角、尔虞我诈的现象越来越明显。在职场中生存，就犹如逆水行舟，不进则退。通常情况下，同事之间是合作的、互惠互利的关系，而很少有同学之间那般纯洁的友谊和战友之间那般换命的交情。因此，同事之间只能互相合作，而不能互相依靠。在职场中，假如一个人总是依靠别人的帮助，那么，一旦他们之间的合作关系破裂，他就会遭受巨大的创伤。或者，即使他们之前的合作关系保持完好，那也是建立在各自的利益之上，所以，很难保证在面对更加巨大的利益时，你的合伙人是否会利用你成就他自己。

其实，人生就是一个过程，是一个历练自己、成就自己的过程。歌中有云，不经一番寒彻骨，哪得梅花扑鼻香。不管是在生活中还是职场中，我们都要依靠自己，自立自强。如果过分依赖别人，轻则被别人釜底抽薪，重则被别人利用，不管是哪一种，都是我们所不愿意看到的。

对逆反心重的人，不如"顺势下坡"

陈红雷在读大学期间，谈了一个女朋友。刚开始的时候，父母是强烈反对的。因为陈红雷是家里的独子，所以，父母一心想让他大学毕业后回

到家乡工作。而陈红雷谈的这个女朋友也是家里的独生女，她的父母也想让她大学毕业后回到家乡工作。这样一来，陈红雷的父母不禁头都大了，到底去谁家好呢？显然两人是不合适的。最合乎理想的是大学毕业后先回到老家找一份稳定的工作，然后再在本地找一个知根知底的女朋友，按部就班、万无一失地结婚、生子、过日子。但是，陈红雷显然不愿意听从父母的建议。其实，陈红雷的父母心里很清楚，陈红雷从小就有主意，自己拿定主意的事情很难改变想法，而且，陈红雷的逆反心理很重，如果父母说得不符合他的心意，他就会坚定地选择与父母对着干。因此，父母想来想去，虽然表示了强烈的反对，但是却一直没有采取具体的行动，因为他们怕起到相反的效果，导致事与愿违：万一儿子一生气决定去女友家发展了呢？

大学时光总是美好的，美好的时光总是容易偷偷溜走，不知不觉间，陈红雷和女友都将面临毕业了。为了去留问题，陈红雷和女友认真地谈过一次。因为陈红雷的家在内蒙古，而女友的家在广东，所以，首先他们在生活习惯上就很难容忍去对方的家里生活。不管是气候，还是饮食习惯，内蒙古与广东都相差十万八千里。经过反复的考虑，他们最终决定放弃双方父母的意见，而选择在就读大学的城市北京生活。这样一来，他们谁都不必为了谁去适应生活环境的改变，而北京，他们在大学期间已经完全适应和习惯了。商量好之后，陈红雷和女友分别和自己的父母认真地交谈了一次。原本，陈红雷以为父母一定会反对自己，因为父母一直希望他能够回老家生活。想不到的是，父母却支持他的决定，并且建议他最好再考个研究生，因为父母觉得学历高一些毕业的时候更好找工作，而且更有希望把户口落在北京。陈红雷喜出望外，马上就采纳了父母的建议。其实，陈红雷的父母之所以改变自己的想法而作出这样的决定，完全是因为他们知道陈红雷的叛逆心很强，如果双方发生言语冲突，他是很有可能在一气之下与女友去广东的。而得知儿子作出了留在北京的决定之后，陈红雷父母的一颗心终于落地了，毕竟北京比广东距离内蒙古近多了，而且儿子也不用去适应广东那与内蒙古截然不同的环境气候与饮食习惯了。老两口自我安慰道：如果儿子能在北京落户，不也很好吗？想儿子了随时就可以去看

看，比去广东方便多了。而陈红雷的心里也美滋滋的，得到了父母的谅解与支持，他与女友的爱情就更加美满了。

在上述案例中，陈红雷的父母对待陈红雷，就采取了典型的“就坡下驴”的策略。常言道，知子莫若母。当父母的，辛辛苦苦地养育了孩子二十多年，当然对孩子的一言一行、脾气禀性等都非常了解。如果陈红雷的父母只顾一味地反对陈红雷与女友谈恋爱，那么，他们不仅无法达到目的，还会造成很严重的后果。即使陈红雷最终不与女友去广东，也定会与父母闹得不欢而散。对于陈红雷这种有主见、逆反心理重的孩子而言，“就坡下驴”无疑是一个两全其美的办法。这样一来，陈红雷与女友不仅不用再为到底去谁的老家定居而发愁了，还可以在父母的支持下，共同努力，在北京为自己安一个家，使生活和事业都走向正轨。对于这两个年轻人而言，北京作为他们的母校所在地，完全可以说是他们的第二故乡，在读大学期间，他们已经熟悉了北京的环境，适应了北京的风土人情，而且，他们也一定有很多同学留在北京工作，这样一来，他们就有了丰富的人脉。此外，北京还是全国的政治、文化中心，是我国的首都，是国家化的大都市，无疑对他们未来的发展十分有益。一举多得的事情，何乐而不为呢？

在生活中，很多人不理解“就坡下驴”的意思。其实，从字面上来理解，“就坡下驴”就是说：人骑在驴子上，由于驴子比较高，所以要想下来，就很容易摔倒；为了安全起见，最好先找个陡坡，让驴子停在低处，人就可以顺势从驴子上下到陡坡的高处；这样一来，就使驴子的高度显得不那么高了，人下来的时候也就比较容易了，从而能够避免摔跤。在现实生活中，“就坡下驴”通常用来指找个借口下台阶，以避免难堪。其实，不管在生活中还是工作中，总有一些人特立独行、叛逆心强。只要我们深入理解“就坡下驴”的意思，并且在生活和工作中灵活运用，就能够避重就轻，减少与人交往时的冲突，从而更好地与身边的人相处。此外，“就坡下驴”还可以减轻人的逆反心理，使逆反者更加心甘情愿地采纳你的意见或者建议，这样一来，你不就离实现自己的心愿更近一步了吗？

第5章 懂心理把握人心，让事情更加顺利的策略

在生活中，我们无法说服别人，很多时候是因为对方知道实际情况，所以才会对抗而不肯妥协。这时候，如果要让对方认可你，你就要学会适度虚张声势，装腔作势，即使对方坚持对抗，也会信心不坚，心理堡垒随时都有崩塌的可能。当你用“语言”迷惑住对方之后，你便在双方的交往中占据了绝对的主动地位。那么，究竟该如何巧妙地表现呢？在这一章，我们将为你作进一步的讲解。

巧装糊涂，消除对方的戒备之心

每个人都有不少的缺点和毛病，在和别人接触的时候，我们会尽量地掩饰这些不足，把完美的自己呈现给对方，因此，我们总是小心翼翼地与他人保持着距离。我们是这样的，别人也是这样的。因此，为了能迅速和他人拉近心理距离，就要适当地把你的缺点和不足暴露给对方，让他人感受到你也是有缺点的，从而解除因为自己的缺点被人发现而受人嘲笑的担忧，这样，对方的戒备心就会松懈。

在新的工作环境里上班的第一天，黄满感觉非常不习惯，不仅是因为新环境不适应，最主要的还是和新同事不熟悉。尽管随着时间的推移，她终究会和他们打成一片，但是黄满可不想把主动权交给时间。

于是，这天中午，她利用午休的时间，和同事环美聊起了天。由于刚刚认识，环美对她抱有很强的戒备心。双方聊了聊天气，聊了聊拥堵的路况，就没了话题。而且环美表现得非常矜持，没有多发表意见。

这时候，黄满说："我这人方向感特别不好，今天早上来的时候走错了地方，我还一个劲儿地敲门呢，结果走到了隔壁楼，幸亏一位大姐的热心帮助，我才找到这边来。你说我是不是太笨了啊？"

环美笑着说："这不算什么，我有一次直接坐反了车，还一直纳闷呢，怎么还不到站？直到车到了终点，我问了乘务员才知道原来自己坐反车了，当时好丢人啊！"

……

就这样，黄满和环美之间的话慢慢多了起来，环美也不再表现得那么矜持了，而是畅所欲言，再加上两人年龄相近，聊的话题越来越多。黄满嗓门很大，环美也不再装淑女了，而是没心没肺地开怀大笑起来。她们很

快就成了无话不谈的朋友。

黄满在这个新环境里有了朋友，她再也不孤独了。

案例中的黄满和环美由于刚认识，所以彼此之间都很有戒心，后来在暴露了彼此的不少缺点之后，双方的心理距离被迅速拉近了。由此可见，暴露缺点，让他人感觉到你的真实，进而跟真实的自己进行比较，觉得安全后，彼此的心理距离会被迅速拉近。那么，向对方暴露自己的缺点时，需要注意什么呢?

1. 要暴露大众的缺点

暴露自己的缺点，是为了让别人感受到你的真实，认识到你也是个有毛病的人。这个“毛病”要有大众的特点，是大多数人会有的毛病。比如粗心马虎，就像案例中的黄满一样，因为粗心而走错了地方。由于是大多数人都很容易犯的毛病，所以对方身上一定也有，这样就能迅速产生情感的共鸣，有利于迅速拉近心理距离。

2. 能力的不足忌讳说

对于一些能力上的欠缺，在不熟悉的人面前最好别说，以免给别人留下你能力差的坏印象。在“近朱者赤，近墨者黑”的观念影响下，一般人都不愿意跟一个没有能力的人接触和交往，这样你的坦诚不但换不来友善，还会扩大彼此之间的心理距离。因此，在暴露缺点的时候，能力上的不足是个禁区。

3. 人性的缺点忌讳说

在暴露缺点的时候，对于人性的一些缺点，如自私自利、损人利己等最好别说。尽管你是为了让别人更加了解你，但是别人知道了你的这些缺点后，为了自身的利益，会选择远离你。你暴露的缺点，让别人对你的人品有了成见，这无益于你和别人拉近心理距离，反而扩大了心理距离。

4. 暴露些优点式缺点

在暴露自己的缺点时，不妨多说一些优点式的缺点，比如，你比较“傻一点”，总是吃亏，你比较“老实”一些等，表面上是在说自己的缺点，实际上是在说自己的优点。别人知道了你的这些缺点后，自然会对你有个整体的判断。当他人感觉到和你在一起是安全的，自然也就会说出他

自己的缺点以消除戒备心，从而和你拉近心理距离。

5. 暴露缺点忌埋怨人

很多人在向别人暴露自己缺点的时候，不是在说自己的毛病，而是在抱怨别人。这样会让别人感觉到你不会良好地处理人际关系，而是在怨天尤人。和你接近后，如果出了问题，你也会抱怨他。因此，别人会对你有成见和看法。实际上，你的坦诚并没有换来别人的亲近，相反，导致别人的心理戒备更强，从而别人就会和你疏远关系。

聪明的人往往大智若愚

有一个5岁大的孩子，当别人同时拿出5毛钱和1块钱让他选择时，孩子果断地选择了5毛钱。于是，大人们就觉得孩子傻，竟然不知道1块钱比5毛钱的面额大。

有一个外地来的人听说了这个小孩，他不相信真有这么傻的孩子。于是他找到了这个孩子，同样拿出5毛钱和1块钱让这个孩子选择，结果这个孩子真的选择了5毛钱。

外地人觉得不可思议，他问这个孩子："难道你真的不知道1块钱比5毛钱能买更多的东西吗？"

孩子小声说："我当然知道了，但是如果我选择了1块钱，以后就没有人跟我玩儿这个游戏了。"

事实上，这个小孩并不傻，可以说是聪明绝顶，但是他宁愿像个傻子一样去选择5毛钱，因为他选择了5毛钱，就会有人不断地来测试他，所以，他就能不断地得到5毛钱。如果他选择了1块钱，那他得到的也仅仅是1块钱。他把自己装成傻子，傻子当得越久，他就拿得越多。这就是孩子的"傻子哲学"。

在聪明人面前装糊涂，永远扮演"傻者、弱者"的角色，让别人忽略自己，从而可以更好地保护自己，也方便以后处世，这才是真正的大智若愚。

在聪明人面前装糊涂可以避免不必要的尴尬，在愚蠢人面前装糊涂会得到认可和肯定，在上级面前装糊涂会避免被打压，在同事面前装糊涂可以避免受排挤，而在下级面前装糊涂可以得到下级的爱戴和拥护。但有一点必须要记住，在需要你发挥才能的时候，一定要竭尽全力地把事情做得尽善尽美。

所以，在生活中要学会低调一些，不要锋芒太露。不错，显露才华能在一定程度上证明你的能力，但是也容易引起别人的嫉妒心理，给自己带来不必要的麻烦和压力。很多才华横溢的人，往往一辈子无所成就，就是因为他们没有在明争暗斗中隐藏自己的实力，始终把自己置于靶子的中心，最终完全被斗争的内耗所累。

当然，并不是说有才要完全低调，毕竟这已经不是“是金子就会发光”的时代，适当展现自己的才华也是很有必要的，至少让“伯乐”有机会相中你这匹“千里马”。但是，一定要切记，显露才华要适可而止，该表现的时候表现，不该表现的时候千万别表现。

为人处世要谦虚，不要一味地恃才逞能。很多事情，对于你来说非常容易，但是对于别人来说未必简单，“知之为知之，不知为不知”。在这种情况下，就算你知道了，也要假装不知道，给别人个机会，让别人也能表现一下，即使别人没有你做得好，也要给予肯定。如果事事都想自己表现，那么虽然你的虚荣心得到了满足，但是别人的自卑感却更加强烈了。

李华是一家软件公司的一名编程人员，他思维开放，口才好，而且非常聪明，不管是老板还是同事都非常欣赏他。

一有重要的事情，老板就让他去做，他也从来不谦让，他觉得自己能力出众，应该得到重用。

李华不但独自垄断了老板下派的所有任务，还经常去抢老板下派给别人的工作，他总是说：“这个活儿太难了，还是我来做吧，你做我不放心。”一次两次，大家都觉得没什么，可是时间久了，就引起了同事们的强烈不满。

渐渐地，同事们再也不愿意和他说话了。但是，李华觉得自己并没有做错，谁让他们没本事呢？

没过多久，部门主管辞职了，公司高层决定采用民主投票的方式，让员工们自己选择自己的领导。李华觉得这个主管的职位非他莫属，因为在全公司的同事当中，他的学历最高，能力最强，甚至起着顶梁柱的作用。

但是，最后的投票却让李华大失所望，除了自己给自己投的一票外，其余的同事没有一个给他投票的。

新上任的主管把李华肩上的重任完全卸了下来，总是让他去做一些鸡毛蒜皮的小事。

至此，李华终于明白过来，一个人能力再强，若不会处理人际关系，终究会自绝后路。但是，为时已晚，李华不得不委屈地离开了公司。

李华非常有才，但是他不懂得顾及别人的感受，一味地恃才逞能，尽管他的内心得到了极大的满足，但是别人的内心却遭受了严重的羞辱和摧残。他的过于强势，让同事们感到自卑，只有把他打压下去，别人才能和睦相处。

所以，即使你才华横溢，也要适当地收敛一些，不要到处张扬炫耀，要给别人一个展示才华的机会。每个人都希望有一个自己的舞台，不要轻易剥夺别人的这个权利。你剥夺了别人的权利，别人自然会拼了命地排斥你。

揣着聪明装糊涂才是真正的聪明，事实上也只有这样，才能在错综复杂的人际关系中存活下去。所以，如果你是才能出众之人，要学会有意或无意地卖点儿“傻”。学会隐藏自己的光芒才是最重要的，这样才使人感觉亲近，更容易让人接受，这是让自己生存下去的重要方法。

强势点，展现你的威信让对方听从于你

在生活中，我们都会遇到很多困扰，尤其是在竞争日益激烈的现代社会，竞争的压力压得我们喘不过气来。很多人都在面对竞争对手的时候不知所措，往往一时的求胜心理使得自己方寸大乱，这时在对方面前适时装得强势一些，显示自己的威力，进而让对方产生畏惧心理，最终达到扰乱

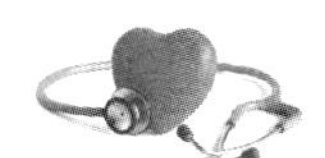

对方阵脚的目的。

适时装得强势一些，显示出自己的威力，暗示自己非常棒，在这种积极的心理暗示之下，会更有信心，表现得更加出色。同时，给对方压力，暗示对方你是个很有实力的人，比他强，从而使对方产生畏惧心理，并在不知不觉中听从于你。

大学毕业后，小王来到了一家外贸公司工作，在这里，他算不上是最好的，但却是最努力的。他凭借自己的努力，工作干得非常出色，常常得到领导的表扬和同事的认可。连续几年获得了“最佳员工”的光荣称号。

这次公司内部人事改革，原来负责欧美市场的副经理辞职了。公司董事会决定在员工中提拔新的副经理，小王是业务尖子，自然作为优先考虑的对象。

就在员工竞选大会上，谁都以为这个岗位非小王莫属。可是就在关键时刻，一个20岁刚出头的年轻人走上了台。他叫何剑，是公司去年刚刚招聘进来的业务员。何剑外语能力很强，过了专业八级，平时业务做得也非常棒，几乎跟小王不相上下。实话说，公司上下也只有他能跟小王一决雌雄。

在公司设置的各项比赛中，小王和何剑都表现得非常出色。在最后一道题目中，董事会觉得一定要分出输赢，于是设置了一个非常特别的项目。那就是让小王和何剑当面与美国人鲍威尔——公司的海外总监谈一桩30万美元的生意。

这种面对面的谈判有一定的难度，小王和何剑谁也没有必胜的把握。在比赛前，他们都在积极准备着。小王明白，何剑的外语口语绝对要比自己优秀，但是何剑刚来公司一年多，很多业务还不是很熟悉，要想取胜只能从专业上做文章。

抽签的结果是小王先与鲍威尔谈判。上场后，小王积极地向专业靠拢，在和鲍威尔的谈话中，尽管他的口语不是太好，但是他的业务能力的展现却非常出色，尤其是专业领域的谈判，进行得非常顺利。谈判结束后，鲍威尔竖起了大拇指。

这时候，台下的何剑渐渐坐不住了。小王所说的很多专业名词他根本

就不懂。虽然他的口语好，但是专业领域的业务接触得很少。等到上台的时候，本来信心十足的他，却显得非常狼狈。在与鲍威尔的交谈中，不但专业领域的东西不会，就连他平常拿手的口语交流，也说得结结巴巴。结果还没等谈判开始，就被鲍威尔赶下了台。

在案例中，我们可以看出，在面对竞争对手时，小王适时地显示出了自己的威力，让他的对手何剑方寸大乱，从而轻松地赢得了最终的竞选。在面对对手的进攻时，可以适时地向对方展示自己的威力，以此来让对手产生畏惧心理，最终扰乱对方的阵脚，达到自己的目的。

要想在竞争中获胜，要么是自己足够强大，要么是对手足够弱小。在相差无几的对手之间，其实就是心理的较量。适时地显示自己的威力，让自己变得更加自信，才能发挥得更加出色，从而震慑住对手，让对方心生畏惧，而产生消极的影响，最终达到不战自败的结果。

在实践中，当我们面对强大的对手时，该如何让自己适时地发威呢?

1. 将优势发挥到极致

任何人都有自己的优势和劣势，因此，在面对竞争对手的时候，要将自己的优势发挥出来，以掩盖自己的劣势。既然是优势，那么自然就有自己独到的东西，就要学会在关键时刻将自己的优势发挥出来，而且发挥到极致。就像案例中的小王一样，把自己在专业领域的优势发挥出来，而且发挥到极致，这样一来，不但弥补了口语交流上的劣势，还给对手造成了一定的心理压力。

2. 向对手的弱项进攻

要想让对手产生畏惧，就要找到对手的软肋，然后对其进行攻击。这样，即使你表现得不是很优秀，但只要比对手表现得好，就会给对手带来一定的压力。所以，在竞争前，一定要对对手有个清晰的了解，不但要了解对手的弱项，还要了解对手的强项，以免反被对手所制。

弱势点，让对方主动伸出援手

显示自己的软弱，也是一种生存的智慧。在自然界进化的过程中，越善于显示自己软弱的生命体，就越能有效保护自己，适应环境的变化。显示自己的软弱，是一种处世艺术，它可以让我们得到那些“逞强”的人得不到的东西——同情。

“恻隐之心，人皆有之。”同情弱者是人性天生的弱点。因此要想获得别人的帮助，就要唤醒对方的恻隐之心，调动对方的怜悯之情，使对方在感情上与你靠近，从而产生共鸣。向对方展示自己的软弱，以此来博得对方的同情，让对方主动地帮助你。

有一天，林肯正在办公，外面突然传来敲门声，进而进来一位老妇人。见了林肯，老妇人两眼一热，哭了起来。

林肯走上前去，安慰说：“您先别哭，有什么冤屈跟我说，我帮助您。”

老妇人停止了哭泣，缓缓地说：“我是一位孤寡老人，我的丈夫在独立战争中为国捐躯了，我现在主要靠抚恤金维持生活。可是前不久，抚恤金出纳员私底下勒索我，要我交手续费，这笔手续费非常昂贵，是抚恤金的一半。”说着，老妇人又哭了起来。

林肯听后十分气愤，他说：“放心吧，我替你打官司，一定要将那个可恶的出纳员绳之以法。”

老妇人忐忑不安地问：“我没有钱出律师费。”

林肯说：“我不收你的律师费，免费为你打这场官司。”

由于出纳员是口头勒索的，没有留下任何凭据，因而指责原告无中生有，形势对林肯极为不利。这时候，林肯两眼饱含泪水，回顾了英国殖民者压迫当地民众时，爱国人士如何抛头颅洒热血，如何忍饥挨饿地在冰雪中战斗，为了美国的独立而血染疆场。

最后他说：“现如今，一切都成为历史，英雄早已长眠地下，可是他们衰老而又可怜的夫人在这里要求申诉，她之前也是一位美丽的少女，也

曾经与丈夫有过幸福的生活。可是现在她已经一无所有了，变得贫穷且没有任何依靠。然而，即使如此，白白享受着幸福的某些人还要勒索她那微不足道的抚恤金，我们能熟视无睹吗？”

法庭里充满哭泣声，法官的眼圈也在发红，被告的良心也被唤醒，承认了曾经勒索的事实。最后，法庭通过了保护烈士遗孀不受勒索的判决。

案例中的林肯，就是利用老妇人的悲惨生活，博得了法官的同情，从而通过了保护烈士遗孀不受勒索的判决。由此可见，在想要得到对方帮助的时候，要适时地显示自己的软弱，从而唤起对方的恻隐之心，调动对方的怜悯之心，从而暗示需要对方的帮助。人心都是肉长的，只要你将自己说得足够软弱，对方是会动心的。在向对方显示软弱，让对方帮助你的时候需要注意哪些方面呢？

1. 将自己的遭遇说得可怜一些

人都有恻隐之心，当你把自己说得足够可怜，足够软弱的时候，对方内心深处会萌发出一种想要帮助你的原始冲动。同时对方也明白，你选择他作为倾诉对象，自然希望他能够帮助你。因此，这种帮助会上升到一种责任。这样一来，获得对方帮助的概率会大大增加。

2. 关键时刻，不妨掉几滴眼泪

如果你的示弱没有打动对方，那么不妨在关键时刻掉几滴眼泪。一般人在面对别人流眼泪时，都会心软，而且害怕别人说他欺负弱者，害怕承受舆论的谴责，因此只要你一流眼泪，对方就会着急，就会想方设法让你停止流泪。因此，这时候是对方压力最大的时候。只要你的眼泪不停止，那么对方只能向你妥协。

3. 适当地恭维对方

在向别人示弱，以此来博取对方的同情心的时候，也要适当地恭维对方，将你的软弱与对方的成就及成绩形成鲜明的对比，这样一来，无形之中就把你软弱的责任归咎到了对方身上。对方背负了这种责任，就有义务来帮助你，让你脱离“苦海”。因此，适当地恭维别人是获得别人帮助的助推剂。

装出身份品位，让对方想去接近你

在生活中，很多人“嫌穷爱富”，结果惹来了一片骂声。事实上，这是人性使然，不必大惊小怪。对方的身份高品位高，你与之交往，同样会产生优越感。“蓬荜生辉”说的就是这个道理。同时，如果与你交往者身份和品位高，则意味着对你有潜在的帮助。因此，在人际交往当中，我们都喜欢和高身份、高品位的人结交。

基于人的这种普遍心理，与人相处的时候，不妨穿一套高贵的衣服，去高档的地方吃顿饭，抽盒上档次的烟等，让别人感觉到你很有身份，很有品位，继而选择积极地接近你，与你相交。这样，在彼此相处的过程中，你就会完全主导对方。

有一个做煤炭生意的老板，经过多年的打拼后，终于开了家自己的煤炭卖场。可毕竟是小打小闹，店面上只有他一个人在经营。煤炭老板时刻想着如何将自己的生意扩大，但是他的卖场非常简陋，一些大的企业根本不愿意和他合作。一时之间，他非常苦恼。

一次偶然的机会，煤炭老板在网上与国内著名煤炭企业华内的董事长取得了联系，经过一番交谈后，双方都取得了彼此的信任，于是对方派人来考察煤炭老板这边的投资环境。

煤炭老板积极活动起来，他四处筹钱，在市里最高档的酒店里预订了包间，然后租借了一套名贵的西服，把自己装扮得像个阔老板，随后又租借了一辆豪华轿车。

等对方代表来的时候，他用轿车将其接到了酒店，盛情款待，喝的是几千块一瓶的洋酒，席间，煤炭老板还拿出一万块当作小费给了服务员，对方一看，煤炭老板把上万块钱当小费给，资金自然没得说。

对方走后，煤炭老板迅速将跑车和名贵西服归还，这一顿饭花掉了他四处筹借来的五万块。但是，对方回去之后，很快就将投资合作的资金汇了过来。煤炭老板利用这些资金迅速筹建了自己的公司，在短短的半年之内，完全达到了对方预想的规模。

煤炭老板只是用名西服、名跑车、一万块钱的小费装得有身份，有品位，这样无形之中告诉对方自己很有钱，而这些装扮出来的派头也确实蒙蔽了对方的眼睛。一般人都会想，这么有钱的派头，怎么会没钱呢？煤炭老板就是利用装成阔佬这一方法，成功地让对方对自己产生了好感，从而达成了合作。可见，在人际交往当中，适当地“装腔作势”能在一定程度上掌控别人。那么，究竟如何才能装出高身份和高品位呢？

1. 在形象上下足功夫

在人际交往的过程中，第一时间看到的是对方的穿着打扮，也就是形象。你的衣服、鞋子、手表、领带、使用的香水，以及背包的档次等都是对方对你进行判断的依据。如果你有身份、有品位就不可能穿过时的西服，不会戴劣质的手表。因此，不妨在形象上下点功夫，千万不要因为心疼钱而让别人轻视你。

2. 心态要好要沉得住气

很多人在生活里只是个小市民、小角色，突然扮演起大款，难免心里发慌，担心自己露馅儿后被人笑话，因而不敢和对方进行目光交流，也不敢大声说话。往往这些心理因素会让对方产生怀疑。因此，这时候一定要沉得住气，告诉自己“你就是大款”，从气势上镇住对方，这样才能对对方有吸引力。

3. 举手投足间要显大气

往往有身份、有地位的人由于功成名就，自信心非常高，因此举手投足间显得非常大气，比如，走路昂首挺胸、花钱如流水等，这完全是由对方比较自信、有身份、有地位这些事实所决定的。当你装出高身份、高品位的时候，在举手投足间也要学会大气，千万不要被自己的“小家子气”所出卖。不要让对方看出你在“虚张声势”，否则你会很被动。

4. 适当耍大牌很有必要

往往有身份、有品位的人生活也比较讲究，比如，吃饭要到高档的酒店，点昂贵的菜，喝昂贵的酒等。这就是我们通常所说的耍大牌。在人际交往的时候，如果你想要结交的人很重要，那么不妨适当地耍耍大牌，从气场上镇住对方，让对方对你产生错误的判断，从而积极主动地接近你。在这个过程中你会完全占据主动权。

学会适度炒作，让自己受人瞩目

人际关系的正常交往，是因为在彼此被对方尊重的前提之下，有了同等的身份和地位。如果别人看不起你，或者轻视你，那么双方之间的关系就会发生微妙的变化，彼此之间也会产生心理隔阂。当你发现你身边的人开始不重视你，不尊重你的时候，不妨多个心思，学会适度地炒作自己，引起对方的重视，让对方尊重你。

对于现年28岁的甄斌来说，目前最重要的事情不是落实工作，而是尽快结婚。可是他生性比较腼腆，又不喜欢和女孩子打交道，所以，至今依然是单身。这可急坏了他的爸爸妈妈，于是二位老人四处托人给儿子介绍对象。

好不容易在亲戚的帮助下，打听到一个各方面都与甄斌相匹配的女孩子。而且双方都见过照片，基本上还都满意。于是这天，在亲戚的积极安排下，甄斌和他的父母与女孩及其父母见面了。

这期间，女孩的父母打听了甄斌的收入，了解了他的家庭。由于甄斌的家在农村，爸爸妈妈都是地地道道的农民，再加上甄斌大学毕业之后就一直在外面发展自己的事业，按照当地人的话说就是没有正当稳定的工作，而女孩的家在城市，家境相对来说比较富裕。

当了解了这些信息之后，女孩的父母言语间透露出对甄斌的轻视和嘲笑。这让坐在一边的甄斌非常难受，几次他都想找个借口离开，但是父母亲戚都在，他不能让他们下不了台。因此，他只好硬着头皮坐在那里忍受着别人的轻视和看不起。

父母和亲戚在那一个劲儿地恭维着女孩和她的父母，可是对方享受着被恭维的喜悦，口头上却说着不咸不淡的话。最后，对方的父母提出，让甄斌说一说这些年的经历。甄斌大概说了几句，话刚说完，电话突然响了起来，甄斌一接电话，故意装腔作势地说："我是特约评论员甄斌，请问你是哪位？"

女孩的父母听了，说话的语气立即变了，由之前的不屑一顾变成了点

头哈腰，他们握着甄斌的手不住地说：“小伙子，你真了不起，真了不起啊，是中央的人啊！”言语中透露着欣赏和惊喜。很显然，甄斌的话对他们起到了一定的震慑作用。

……

案例中的甄斌因为种种原因，被别人看不起。后来，他巧妙地通过接电话炒作自己，让自己受人瞩目，最终赢得了应有的尊重。由此可见，当别人看不起你、轻视你的时候，要懂得适当地炒作自己，让自己成为焦点，从而赢得他人的重视，赢得他人的尊重。那么，如何炒作自己，让别人不敢轻视你呢？

1. 显露自己曾经的辉煌

一个人的能力如何，往往能从他曾经和现在所取得的辉煌成就上表现出来。人都比较尊敬那些有本事的人，而看不起那些没本事的人，这是人性。所以，当你和对方交谈的时候，如果感觉到对方轻视你，那不妨适当地提及一下你曾经和现在取得的辉煌，让他人对你产生敬意。

2. 透露自己的社会地位

对于社会地位高的人，人都不敢轻视，相反而是恭维。因为对方的社会地位高，意味着比他有更高的能力，更强的本事。所以，在言谈中，适当地透露自己的社会地位，给对方造成心理上的压力。这样，当别人的社会地位比你低时，气场便会比你弱，从而便不敢轻视你。

3. 提及自己的收入水平

当今的社会，一个人收入水平的高低，往往决定一个人价值的大小。如果你的收入高，就意味着你的价值大，别人也会尊敬你；如果你的收入低，别人就会瞧不起你。因此，在谈话的时候，不妨把自己的收入说得高一些，让别人觉得你的社会价值比他的大，你比他有本事，那么他便不敢轻视你

4. 及时显露自己的才华

有才华的人往往令人羡慕和钦佩，尤其是一些别人无法企及的才华，更能让对方钦佩得五体投地。因为别人在这方面永远无法与你相比，所以，你在气场上已经牢牢地占据了上风。这时候，他人没有嘲笑你的理

由，更多的是赞美和钦佩。事实上，这是对你最大的尊重。

5. 说与你有关系的本事人

很多时候，人考虑的都是自己的利益。当对方觉得你没有什么利用价值的时候，便会轻视你。与人交谈的时候，不妨提及一些与你有关系的本事人。因为他们有本事，可能会对对方有利用价值，而对方又无法认识他们，这时候你的价值就凸显了出来。

假意出错，探出对方真实心意

在和别人的交谈时，如果你猜不透对方的心思，不知道对方的意图，往往处于被动位置。如果这时候，不去探知对方的所思所想，而是眉毛胡子一把抓，那么，在言语上势必要输上一筹。你不妨假装说错话，探出对方的真实意图，在投石问路之后，再顺水推舟，让事情按照你所预想的方向发展。

梅青羽毛球打得非常好。为了让她在这个领域有更好的发展，老师介绍她认识了市羽毛球队的教练王筝。

在和王教练的谈话中，梅青心里有些忐忑不安，她明白，获得王教练的认可对她来说非常重要。但是她不知道对方究竟想要了解她什么？因此，她不敢多说话，担心自己说不到点子上，给王教练留下不好的印象。

聊了几分钟之后，梅青说："王教练，我认为要想做个合格的运动员，没有打球的天赋是不行的，您觉得对吗？"

王教练笑着说："也不一定。我觉得作为一个优秀的羽毛球运动员首先要勤奋，绝对不能有半点懒散，还有就是绝对不能有自满的情绪。你的说法有些片面了。"

梅青接着问："也对。那您觉得对打球技术没有要求吗？"

望着小心翼翼的梅青，王教练笑了笑，以此来让她放松心情，消除紧张的情绪。他喝了口水，对于梅青提出的幼稚得不能再幼稚的问题，他回答道："当然有了，包括反应速度要快，身体要灵活等。这是打好球的前

提。但是我们更注重培养有潜力的孩子。”

王教练的一番话让梅青吃了一颗定心丸，尽管这时候，王教练对她还没有表现出浓厚的兴趣，但是她已经知道，如何在他面前展示自己。于是，在接下来的谈话中，她有意把自己向王教练所希望的那样介绍。

她告诉王教练，她非常能吃苦，而且参加了好多次羽毛球业余大赛，捧回了很多奖杯。更为重要的是，她从来不告诉任何人，因为她不想炫耀。除此之外，她还告诉王教练，她曾经和体育队的某个队员打过球，对方也没有占到多少便宜。

……

那天，他们聊了一个多小时，从王教练的表情和眼神中，梅青知道，她已经成功地把自己塑造成王教练心目中的好苗子了。这样一来，离她进入市羽毛球队就已经不远了。

果然，两天后，王教练打来电话，让梅青去市羽毛球队参加入队前的训练。

案例中的梅青在对王教练的心思揣摩不定的时候，她用投石问路的方法故意把话说错，从而明白了王教练内心的真实想法，接下来，顺水推舟，按照王教练的心理模式，赢得了他的欢心。由此可见，在和你不了解的人谈话的时候，要采用假装说错话的方式来投石问路，先尽可能多地去了解别人。当对对方有了大概的了解之后，再顺水推舟，顺着对方的意愿去调整。那么，如何做到这些呢?

1. 用错误的猜测去诱导对方说真话

通常情况下，如果你想要了解对方内心的所思所想，而又不方便直接问，这时不妨故意错误地猜测，诱导对方把内心的真话说出来。由于与对方的内心所想不一样，难免会产生各种谣言，因此，为了避免别人胡乱猜测，人往往会说出实话以证明自己。尽管对方内心不想说，但是也会在不经意间说出来。只要你洞悉了对方的心，那么无疑掌握了绝对的主动权。

2. 不妨让自己犯一些简单幼稚的错误

人都有想当“老师”的愿望，都想证明自己比别人强，因而，在洞悉对方内心的真实想法时，不妨犯一些简单和幼稚的错误。由于简单和幼

稚，对方便有想要纠正的念头。在纠正过程中，对方内心的所思所想便会显露出来。对方没说，你也没问，但是你却明白了他内心的真实想法。当然，这就要求你在说话时要机灵，听话时要聪明。

3. 故意误解对方，迫使他暴露心意

人都不希望别人误会自己，一旦发现，便要迫不及待作出解释，让别人更好地理解自己。基于这种心理，在洞悉别人心思的时候，不妨故意误解他，让他为你作解释。为了更好地证明自己，对方往往会把真实的想法说出来。这样，你不费吹灰之力就得知了你想要了解的东西，探出了对方内心的真实想法，在接触和交往当中就会占据绝对的主动地位。

第6章 懂心理敢于表现，迅速增加在他人心中的分量

在人际交往中，在心理上赢得对方的心，赢得对方的好感是广结人脉的前提。如果你想拥有广泛的人脉关系，那么就要学会迅速地博得别人的青睐和好感，这就为进一步的接触和交往埋下了伏笔。想赢得别人的好感，是有一定的技巧和策略可以遵循的，比如，多说一些对方感兴趣的话，适度顺应对方，给对方留下美好的第一印象等。只要掌握了这些基本的策略和技巧，相信你的人际关系会扩张很多。

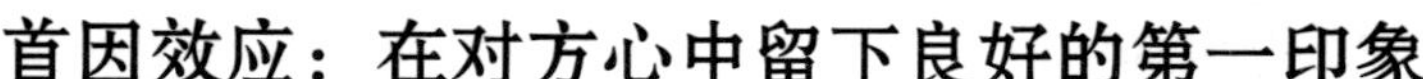

首因效应：在对方心中留下良好的第一印象

在人际交往当中，当别人给你留下的第一印象良好时，在接下来的接触中你会觉得他什么都好；如果别人给你留下的第一印象不好，你就会时时看他不顺眼，这就是心理学上所说的首因效应。那么，要想在人际接触中被人接纳和肯定，就要给别人留下完美的第一印象。

大学毕业之后，明溪也像其他大学毕业生一样，带着简历四处寻找工作，可是找不到合适的岗位。在朋友的建议下，她在网上试着寻找机会。无意中，她看到一个非常大的企业在招聘秘书，于是满怀信心地投了一份简历。

第二天一大早，明溪接到了该企业人力资源部的面试电话，这让她着实兴奋不已。按照和对方约定的面试时间，明溪早早就赶到了。面试在一个小会议室里举行，参加面试的一共有10个应聘者，公司的大小领导共10余人坐在一边倾听。

面试开始后，对方给每个面试者5分钟的时间，让他们作一个竞聘演讲。明溪心里暗暗窃喜，因为她在学校时担任过学生会主席，演讲对于她来说轻车熟路。因此，当轮到她的时候，她自信满满地走了上去。

她用5分钟的时间简单地介绍了自己的概况，然后又谈了自己对秘书这个职位的理解和认识，最后说自己如果能赢得这个职位，将如何把这个工作做好等。等她昂首挺胸地走下去的时候，在场的领导们频频点头。

再看看其他面试者，要么就是紧张得语无伦次，要么就是气若游丝，如蚊子叫。看到这些，明溪相信自己一定会赢得这个职位。果然不出她所料，面试后的第三天，她接到了上班的通知。

工作之后，明溪果然尽职尽责，将公司的事务打理得有条不紊，深得

总经理的青睐。可是刚刚上班两个月，她的秘书生涯就结束了，原来她被董事长调到总部去做行政总监了。

在那次面试的时候，董事长也在，明溪的出色表现给董事长留下了极其深刻的印象，董事长觉得以明溪的才华和能力做一个秘书实在是屈才了。所以，当总部的行政总监离开的时候，董事长第一个想到的就是明溪。

就这样，没有多少工作经历的明溪当上了知名企业的行政总监，而且她在这个岗位上做得有声有色。这一切完全得益于她在面试时的出色表现，给董事长留下了美好的第一印象。

案例中的明溪因为在就职竞聘中的出色表现，给董事长留下了非常美好的第一印象，因此被董事长破格提拔为行政总监。可见，第一印象往往能影响一个人的生存和发展，尤其是在职场或者人际交往当中，更是如此。

那么，如何才能给别人留下美好的第一印象呢?

1. 注意穿着打扮，塑造美好的气质

对于很多人来说，良好的气质是给别人留下美好的第一印象的前提，因为引起别人关注的首先是外在形象。所以，要注意穿着打扮，将自己的气质塑造出来。

2. 不要矫揉造作，表达要大方而自信

很多人总是很谦虚，需要他表现的时候，扭扭捏捏，让人觉得矫揉造作，这样的人难登大雅之堂，而且会给别人留下极不好的印象。相反，大方自信的人更能赢得别人的喜欢和欣赏。可见，在表达自己的时候不妨大方一些，自信一些，让别人因为你的大方和自信而对你充满好感。

3. 懂些社交礼仪，更显知书达理

在社交的时候，要懂一些基本的社交礼仪，让别人看到你知书达理的一面。不可否认，人都比较喜欢欣赏外形好的人，但是懂礼貌更能赢得别人的青睐，赢得别人的好感。因此，每个人都要懂礼貌，在别人面前表现出你懂礼貌、知书达理的一面，就可以让别人印象深刻。

4. 用创新思维展优势，吸引注意力

每个人都有好奇心，当一个新鲜的事物出现在眼前的时候，往往都有

很大的兴趣，进而留下很深的印象。当然，创新思维要独特一些，而且要在别人能接受范围内，如你对问题独到的见解，或者是崭新的理念。当你去面试时，面试的人太多，你悄悄地给老总写了个纸条，让秘书传达，而别人没有这样干过，那么你这样做往往就会让老总对你刮目相看。

没有人喜欢被否定，适度顺应对方

每个人的想法和观念不同，在交流和沟通的时候难免会出现摩擦和冲突。如果你直接说对方的观点是错误的，你的观点是正确的，那么势必会给对方的心理造成伤害。即便你所说的、所想的是正确的，别人也不会对你有好印象。

争吵中永远没有赢家。即使表面上你把对方说服了，别人也不会真的心服口服，你得到的不是信任，而是敌对。如果你适度地顺从对方，先表达你的肯定，赢得他人的好感，然后再提出建议，这样对方在心理上就能接受，继而将你当作他的真心朋友。

姬童大学毕业之后留在了北京，她想在北京做出自己的一番事业。但是几年过去了，她只靠每月几千块钱的收入勉强度日。随着年龄的增长，父母希望她能回老家，一来找个稳定的工作，二来解决婚姻问题。

可是对于姬童来说，这些似乎太过遥远的事情她从来没有认真考虑过。因此，在继续留在北京还是回老家的问题上，姬童和父母产生了严重的分歧，每次沟通都免不了争吵。时间久了，姬童往家里打电话的频率也少了很多。

这天，爸爸主动拨通了姬童的电话，说："姬童，爸爸知道你不甘愿就这么平凡下去，你想做出属于自己的事业。爸爸也年轻过，完全理解你的心情。年轻人有梦想，有闯劲，是该做一番轰轰烈烈的大事业。这一点爸爸非常认同你，而且很支持你。"

爸爸的一番话，完全出乎姬童的意料，她内心的防备渐渐地松懈了下来。

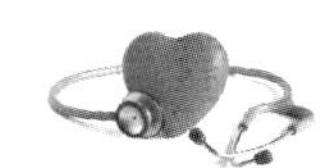

爸爸接着说："但是，孩子，人不能永远生活在梦想中啊，留在北京你是可以获得更多的成功机会。可是北京的房价那么高，咱们买不起，而且你岁数也不小了，婚姻大事总不能一直拖下去吧。"

姬童说："爸，婚事的问题你们就不要为我担心了。"

爸爸说："现在老家这边的政策也很不错，你回来之后稳稳当当地找个工作，再成个家，我们一家人天天在一起，不好吗？"

姬童第一次陷入了沉思。一直以来，她都觉得爸爸妈妈没有办法理解她，可是今天爸爸的一番话却触动了她的心，她开始怀疑自己的决定是否真的正确。

没过多久，姬童就离开了北京，回到了爸爸妈妈的身边。

案例中的父亲在说服女儿的时候，没有一口否认女儿的想法和决定，而是站在了女儿的角度上，对她的所作所为给予了认可和肯定，然后再提出建议，最终说服了女儿。由此可见，在说服别人的时候，不要直接否定，而要给予其认可并表示理解，之后再提出建议，维护对方的自尊。那么，如何才能做到先认可对方，再提出建议以维护他人的自尊呢？

1. 站在对方的立场上理解他人

一般情况下，你之所以觉得对方的想法和观点是不对的，是因为你站在自己的立场上想问题。那么，要想扭转对方的想法，就要站在对方的角度上去理解对方。如果你一味地肯定别人，却说不出个所以然来，别人会觉得你是在敷衍他。因此，要站在对方的立场上去理解对方，这样对方才会觉得你真实地明白了他的感受，从而信任你。

2. 在理解中包含赞许和恭维

在对他人表示理解的时候，不妨适当地添加一些赞许和恭维的话，这样会给别人一种你很欣赏他的感觉。对方也会因此而感到高兴，对你的防备自然也就降到了最低。你的赞美和恭维是对对方的肯定，即使对方最终被你说服，顺从你，他也会满心欢喜。

3. 口气缓和以表示给予的是建议

不管是否定别人还是说服别人，说话的口气一定要柔和一些。一般情况下，说话口气的强弱可以表达心理对抗的强弱。柔和的声音可降低对

方的敌对情绪，让别人感觉你是在和他商量，是在向他提建议，而不是在要求他。没有人喜欢被别人呼来唤去，而你的商量让别人受到了应有的尊重，从而别人才会信任你并顺从你。

4. 表明建议后穿插征询的提问

一般情况下，当人在听到意见或建议的时候，往往会处于一个模糊状态，不反对，也不会立即接受。这时候，如果你适当地穿插一些征询式的提问，比如，“行吗？”“好不好？”“怎么样？”等，则能引导对方向你靠拢。除此之外，这样的询问更让对方觉得受到了应有的尊重，使对方认识到这是在商量，而不是在提要求。

积极表达，令对方产生与你交往的欲望

有时候，面对一个陌生的环境，有些人选择了完全的沉默，要么等着他人来打破这个僵局，要么宁可忍受着这种尴尬也不说一句话。要是对方也是个冷漠不爱说话的人，这个相逢便会变成煎熬。

先开口说话的人会在这个时候占尽优势，人与人之间的交往有先入为主的思想，先开口说话的人往往会以主人自居。既然是主人，那么冷落客人总归不好，所以，这个时候，先开口说话的人控制着谈话的主题和交谈的深度。

小高在某大学法律系就读，明年就要毕业了，所以，他最近一直在忙准备论文。暑假到了，他带着很多法律学的书籍准备回家继续钻研。

在火车上，周围全是陌生人，刚坐到一起大家都不说话，气氛非常尴尬。小高见坐在对面的老先生非常和蔼，于是主动打招呼：“您是去哪里啊？”

老先生回答说：“我去西藏，那里有一个司法程序有些麻烦，需要我的帮助。”

小高一听，非常高兴，于是接着问：“这么说来，您是律师了？”

老先生笑了笑说：“也可以这么说吧，我是政法学院的博士生导师，

专门研究国内的法律程序。”

小高惊讶地说：“那真是太好了，我是某大学法律系的学生。”

老先生也很高兴，能在火车上遇到学习法律的学生，实在是件不容易的事情。

小高和老先生探讨了很多法律问题，这些问题是小高在学校里永远也学不来的，这给他的论文写作提供了新的思路和素材。

一路上，老先生和小高侃侃而谈，聊得非常投机。最后，小高竟然放弃了回家准备论文的打算，陪同老先生到了西藏，亲历了很多棘手法律程序的处理，令小高受益匪浅。

小高本科毕业之后，报考了老先生所在的政法学院，硕博连读。在老先生的帮助和教诲下，小高在短短的两年内，学完了要五六年才能学完的课程，并在老先生的推荐下，当上了政府的法律顾问。

在那样一个陌生的环境中，小高依然没有忘记主动和别人交流，结果他得到了贵人的帮助，成就了自己的事业。如果小高当时觉得自己是学法律的，从而自命清高，看不上旁边的人，自然就不会和老先生说话，那么就没有后来的发展。所以，主动和别人交谈，往往会获得意想不到的收获，你生命中的贵人可能随时就在你的身边。你的沉默或许会让你和对方擦肩而过，从而造成终身遗憾，影响自己的事业和前程的发展。

那么，究竟应该用怎样的积极态度来赢得别人的喜爱呢？

1. 主动跟别人打招呼和说话

由于彼此之间不熟悉，所以为了保护自己，人都不喜欢主动跟陌生人打招呼。正所谓“谁主动，谁被动”，但是，由于先入为主的心理理念，当你主动跟别人打招呼和说话之后，你就能主导这次谈话，在心理上你就能占据“主人”的位置，从而就能使谈话按照自己想要的方向去引导。事实上，掌握了交谈的主动权就是掌握了交往的主动权。

2. 主动敞开心扉说出小秘密

人们之间不熟悉，所以都有很强的心理戒备。这时候，要想取得别人的信任，就要主动敞开心扉，说出小秘密，让别人觉得你在他面前是透明的。这样，对方感觉到了绝对的安全，才会把心向你敞开。当然，在这个

过程中要注意，不要把内心深处的秘密透露出来，以免给自己带来不必要的麻烦。

3. 主动向他人伸出援助之手

任何人都需要别人的帮助，同样，在与陌生人相处的时候，如果对方遇到了麻烦，要积极主动地伸出援助之手，让他人感受到你的热情，感受到你的善良，并因此喜欢和你交往。当然，乐于助人也不能随心所欲，要征求对方的同意之后才行，如果别人不同意，那么最好不要强行帮忙，以免引来对方的误会和厌恶。

4. 主动和他人分享你的好处

很多时候，当你和身边的人由于彼此陌生而保持沉默时，如果你把随身携带的瓜子和水果跟他人分享，那么很快你们之间不会再陌生了。这是因为，你在和别人分享你的好处的时候，同样也把你的友好和善良传达了出来，别人接受了你的邀请，自然不会再对你保持警惕和戒备心理。

多说不如多听，善于聆听才能迅速赢得人心

倾听是理解的前提，学会倾听别人的人，才能被别人接纳，才能掌握交往的主动权。你给别人的尊重必然换回别人对你的肯定。在生活中，有些人总是喜欢表达，总是在别人面前说个不停，但是他们表达的时候，会让别人觉得他们心里急躁，不成熟。这样，尽管他们掌握着说话权，可是却失去了交往的主动权。

如果这时候，你保持安静一些，认真地倾听别人，这样不但让别人受到了尊重，而且在倾听的过程中，你也获得了更多的与对方有关的信息。这样，在和对方交往中便会掌握更大的主动权。

一次，张婷去拜访一个客户。据说这个客户非常难缠，很多销售员都被他灰溜溜地赶了出来。所以，张婷这次去也没有抱太大的希望。当她走进这位客户的办公室之后，客户对她非常热情，又是端茶倒水，又是嘘寒问暖，这反倒让张婷有些不习惯。但毕竟客户是真心地关心她，因此张婷

内心还是非常感动的。

坐定之后，还没等张婷介绍产品，客户就开始说了，说自己的家庭生活，妻子多么贤惠，孩子多么懂事。说到高兴处，客户眉飞色舞，手舞足蹈。而张婷只是静静地听着，偶尔点点头微笑一下，表示认可和肯定。

一个小时过去了，两个小时过去了，客户说完了家庭，说事业，说这些年自己如何一步步地走来，经历了多少艰难和困苦，如何将公司一步步地做起来。说到难过处，客户潸然泪下，张婷适当地安慰了几句。

整整三个多小时，客户一直都在不停地说，张婷只是静静地听着，偶尔问几个简单的问题。最后，客户说累了，该倾诉的都倾诉了，转过头来问张婷："你这次来的目的是什么啊？"

张婷将产品的介绍放到了桌子上，客户看了，二话没说，就签下了订单。

从这个案例中我们可以了解到，客户需要的只是你的认真聆听，而不需要你说多少话。事实上，生活在这个世界上的人，谁能没有故事呢？遭遇了太多生活的磨难，总希望能够说出来，有人分担；获得了成功的喜悦，总希望有人来分享。任何人都有想要表达的欲望，只要你满足了对方的这种心理，别人就会觉得你善解人意。在交往当中，认真聆听无疑会让你赢得对方的心，占据主动地位。那么，如何才能做一个好的倾听者呢？

1. 要把说话权利让给别人

在生活中，别人貌似在和你交流，其实是想满足自己的表达欲望，只是希望你能充当一个倾听者。这时候你一定要保持沉默，即使你不想听对方的那些陈芝麻烂谷子，也要假装在倾听，这样对于别人来说就是莫大的尊重。因此，要想掌握交往的主动权，就要把说话权让给对方，让对方的表达欲得到最大限度的满足，从而对你充满好感。

2. 用点头来表达对对方的肯定

交流的双方都希望对方能倾听自己，肯定自己。即使在对方表达的同时，也希望能获得你的认可和肯定。尽管对于你来说，可能并不赞同他的一些想法和看法，但是对于他来说，因为你没有反驳和辩解而认定你是支持和肯定他的，因此，将你看成是自己人。要想获得他人的好感，就要通

过不断的点头来肯定对方的说法。

3. 眼睛要认真注视着对方

人与人之间的交流是从心开始的，而眼睛又是心灵的窗户，所以双方的眼神交流很重要。在倾听别人说话的时候，一定要用眼睛注视着对方，这样会让对方觉得你在认真地倾听，从而感受到你内心的那份真诚。当然还要注意，当对方高兴的时候，一定要用眼神将快乐表现出来；当对方哀伤的时候，也一定要用眼神要把悲伤表现出来，这样会让对方觉得你是在陪着他快乐和哀伤。

4. 时常重复以得到对方确认

人与人之间的交流是个互动的过程，同样别人在倾诉的时候，也希望你能够参与进来。所以，在倾听别人说话的同时，要时不时地重复对方的话，并获得他人的肯定，这样不但能表达你在认真倾听，还可以借着这个机会把自己没有听明白的话弄明白，以免对方突然问你的意见，你回答不上来，或者回答错误，让对方心情大受影响。

从对方感兴趣的话题开始说起

在生活中，我们不得不承认，当有人表现出和你相同的爱好时，你会关注他，比如，对方和你操同样的口音，对方和你去办同一件事情。即使是陌路人，你也会和对方聊上两句。一般情况下，有了相同的爱好，才觉得有了安全感。你明白只有对方才能体会你的快乐和痛苦，因此，你也会很自然地向对方靠近，与对方分享那份快乐和痛苦。

因此，当你想要和别人结交的时候，不妨从对方的爱好和兴趣入手，继而迅速获得对方的好感。因为有相同的爱好，对方也会注意你，也会靠近你。你和他是同一类人，这是双方产生的心理共鸣。

王月大学毕业后，找到了一份不错的工作。可是由于自己初来乍到，生活也不宽裕，所以选择和别人合租房子。

刚搬进新家不久，王月发现隔壁的李爽是个不善言辞的人。对方爱看

电视，而且总是看韩剧，喜欢着装打扮。而对于王月来说，她更喜欢看国内的都市剧，更喜欢朴素淡雅一些。两人没有共同的兴趣爱好，所以尽管住在同一个屋檐下，但是却很少交流。

时间久了，王月感觉非常难受。她试图和对方交朋友，可是接触几次之后，因为话不投机而不得不放弃。但是她真的想和对方像朋友一样交流。

一次，王月打开电视刚好是韩剧，她找遥控板想换台，可是找来找去就是找不着，不得不看韩剧，看了几分钟之后，觉得还挺有意思。那晚，她没有再换台，而是一直在看韩剧。第二天，李爽主动找她说话："昨晚，我见你也在看韩剧《大长今》，我都感动得哭了。"

王月笑了笑说："是啊，情节挺感人的。"那天，李爽还表示出了对王月的关心。王月渐渐明白了，要想结交李爽这个朋友，就要向她的爱好靠近，这样双方有了共同的话题，才能交流感情。

从那以后，王月每天也迷恋上看韩剧，而且有时候叫李爽一起看。她也慢慢地喜欢上了打扮自己，两人共同交流心得。

就这样，王月和李爽成了形影不离的好朋友，后来成了好姐妹。在这个陌生的城市里，王月再也不孤单了。

其实，最后王月和李爽之所以能成为好朋友，是因为她巧妙地从李爽的兴趣入手，拉近了彼此之间的距离，获得了对方的好感。如果王月不是主动从李爽的兴趣爱好着手，那么她可能没有办法让李爽接受自己。所以，想要和某人结交，要先了解对方喜欢什么，厌恶什么，然后从对方的兴趣爱好入手，跨越两人之间交流的鸿沟。那么，如何才能做到这一点呢？

1. 细心观察，发现对方的兴趣爱好

每个人都有自己的兴趣和爱好，有的人喜欢看书，有的人喜欢踢球。不管是谁，只要你细心观察，一定会发现他的兴趣爱好。因此，要想获得对方的好感，打开交际的大门，就要捕捉到对方的兴趣所在，这是靠近对方的前提和条件。

2. 花点心思，多了解掌握相关知识

当你了解了对方的兴趣爱好之后，就要花点心思，去了解和掌握相关

的知识。因为别人喜欢它，因此，对它的了解和掌握也一定很多。如果你不掌握相关的知识和信息，在别人和你交谈的时候，你就会露出马脚，引起对方的不悦。所以，要细心一些，尽可能多掌握一些对方兴趣所在的信息，为赢得好感做准备。

3. 将对方的兴趣爱好表现成自己的

在了解和掌握了别人的兴趣爱好之后，要想办法培养自己对这种爱好的兴趣。比如，对方爱踢球，那么要想获得对方好感，就要培养对踢球的极大兴趣，这样，对方才会觉得你是真的喜欢，否则就会被对方看穿。因为喜欢与否不是嘴上说的，而是会从表情和言谈举止中表现出来的。

4. 要表现卓越，再谦虚地和对方交流

如果你想要结交一个人，那么不但要了解对方的兴趣爱好，学习对方的兴趣爱好，还要在这方面有卓越的表现，让别人打心眼儿里喜欢你。这样你才能有机会获得对方的好感，争取交往的主动权。否则，别人不欣赏你，不愿意和你交往，那么你的付出只能枉费了。

适时自嘲，让对方感到你的可爱

很多情况下，没有人愿意在别人面前承认自己的缺点和不足，甚至当别人提及自己的缺点和不足时，往往会力争辩解，努力洗刷自己身上的“污点”。但是，如果你能在别人面前毫无掩饰地披露自己的缺点，将缺点和不足当作优点一样感到自豪，则更能获得别人的认可，从而获得知心朋友。

人都比较好面子，在别人面前承认自己的不足会觉得很丢人。但是当你披露自己的缺点，自嘲的时候，别人会觉得你比较坦诚，更容易接近，从而更加喜欢你。因此，会自嘲的人身边永远不会知心朋友。

没见过美丽的人，总是对她充满了遐想，觉得叫这名字的人应该是个绝色美女。而实际上，美丽相貌平平，一点儿也不漂亮，而且她的身材也胖得几乎走了形。人说胖人脾气好，这倒是真的，美丽脾气好得出奇。

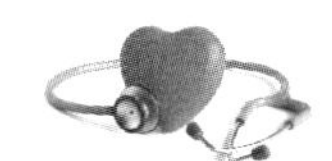

和其他女孩子不一样，美丽并不忌讳别人说她胖，反而引以为豪。为此，她有很多知心朋友。而他们中很多人，就是因为在讥诮美丽的过程中和她成为好朋友的。毫不例外，阿梅就是这样成为美丽的知己朋友的。

那时候，美丽刚来公司不久，和同事们还不是很熟悉。一次，她去上厕所的时候，刚要进门，忽然听到厕所里有几个女同事在窃窃私语，其中就有阿梅。当时，阿梅对另外几个女同事说："我的妈呀，你看看新来的那个叫美丽的女孩，那么胖，我真为她担心，你说她在我们面前会不会自卑啊？"另外几个女生哈哈大笑起来。

这时候，美丽推门走了进去。

阿梅一伙儿没有想到美丽会在门外，她的出现着实让她们尴尬。美丽并没有生气，而是笑着说："你这人心眼儿怎么这么实在呢，老爱说实话，你看看他们都藏着掖着不说，我就喜欢说实话的人。"

阿梅以为美丽说的是反话，涨红了脸，站在原地不知所措。

美丽拍了拍几位女孩的肩膀说："我就是胖啊，这是事实啊，没什么可隐瞒的，再说了，胖还有胖的优势呢。坐公交车一个人坐两个人的座位，吃饭一个人吃两个人的饭量。这可是占了大大的便宜啊！"

几个女孩见美丽真的没有生气，心里的石头终于落地了。阿梅接着说："你真的这么想啊？"

美丽拉着阿梅的手说："是啊，我天生就胖，减肥又减不下去，所以不为难自己了，享受肥胖者的优越吧。"说完，昂起头，自信地走了出去。

从那以后，阿梅和美丽就成了无话不谈的朋友。

案例中的美丽很胖，当她听到别人在议论她的时候，不但没有生气，反而狠狠地自嘲了一番，炫耀了自己肥胖的种种优势，进而让别人觉得她很随和，很容易接近，故而欣赏她、喜欢她。可见，懂得自嘲，不但能缓解社交气氛，还会获得真诚的知己。那么，如何学会自嘲呢?

1. 不要害怕暴露缺点而失面子

很多人总是尽量在别人面前表现得完美，表现自己的优势。如果不小心露出了缺点和不足，他会感觉很没面子。事实上，你越担心，别人越笑

话你。这时候，索性将你的缺点和不足一五一十地说出来，别人便不好意思再笑话你，反而会因为你的坦诚而喜欢你，因为说不定你的缺点和不足正是他的缺点和不足。当你说出来之后，你没有了担忧，别人也没有了压力。因此，不妨将你的缺点说出来，好好地自嘲一番。

2. 将缺点当作优势炫耀

当一个人把自己的缺点当作优点之后，就不会再去掩饰，而是在别人面前炫耀。例如，你个子不够高，你就可以说“可以省下二尺布料”，或者说“浓缩的都是精华”。这样一来，你个子不高的劣势便成了优势。

3. 成熟接受自我的心态是关键

成熟的心态对于自嘲来说至关重要。只有心态成熟，你才能接受一个并不完美的自己，才会认可自己的不足和缺点。这样，你就不会刻意地表现得完美一些，因为你本身并不完美，当别人提及你的不足和缺点的时候也不会感到不好意思。更重要的是，你能把自己的缺点和不足非常自豪地展现给大家。要做到这一点，对于很多人来说，实在不是一件容易的事。但是，会自嘲的人才更有魅力，从而才会获得更多的知心朋友。

适时听从，但也要表达自己的主见

在生活中，很多人遇到事情后，往往表现得很慌乱，不知道该怎么办。他们会听从很多人的建议，没有主见，往往让别人替自己做主。但是别人毕竟不是当事人，意见自然不够全面，这样就会把很多事情处理得一塌糊涂。事实上，当你没有主见，把决定权交给别人的时候，你也就失去了别人的尊重。

淳子和明晰是经过朋友介绍认识的，两个人第一次见面，对彼此就有了好感。在接触和交往了三个月之后，就在他们准备结婚的时候，却出了问题。原来，明晰对婚姻有些恐惧，当她把这个想法告诉了好朋友琪琪的时候，琪琪对她说：“淳子的条件怎么样？”

明晰说：“条件有些不好，没有楼房，也没有正式的工作。”

琪琪说："那你就得好好想想了。没有楼房，你们以后要在平房生活，生活的质量就会下降好几个档次；没有正式的工作，以后的生活就会很不稳定，这样，婚姻便没有了保障。你这样草率地结婚，是很危险的。"

明晰若有所思地说："但是他对我真的很好，也很爱我。"

琪琪笑了笑说："得了吧，没有物质保障的婚姻便不会带来安全。这是真理，毕竟我们生活在现实的社会里。你不能只凭感觉就嫁给他吧。感觉这东西最不靠谱了。"

那一晚，明晰想了很多，她的耳边总是回响着琪琪说过的话。从那之后，她对淳子冷淡了很多，也不再打电话给他了，也不和他约会了。当淳子问她怎么了的时候，她总是说自己还没有想好呢。这天晚上，两个人发生了争吵，最终分手了。

分手后，淳子再也没有给明晰打过电话。失去了淳子之后，明晰才感觉自己作错了决定，她想和淳子和好，可是此时淳子的心受到了严重的伤害。后来，明晰经过不断的努力，重新挽回了淳子的心，这一次她毫不犹豫地嫁给了淳子。她知道，她这辈子要找的是真正爱她的男人，而不是房子，也不是工作。

案例中的明晰在婚姻面前很矛盾，在六神无主的时候，她听从了朋友的劝说，对自己的爱情和婚姻产生了怀疑，继而作出了和淳子分手的决定。可见，没有主见，把自己事情的决定权留给别人是多么愚蠢的一件事情。往往这样的人也会受人歧视，被人看不起。那么，如何才能让自己善于听从意见，又不失主见呢?

1. 要明白，别人提的只是意见

很多时候，人在面对疑惑和迷茫的时候，往往会征求朋友的意见和建议。但是朋友毕竟不是你，提意见的时候天南海北，什么都可以说，因为他作为一个旁观者，对事情的认识没有你清楚，因此提的意见也有很大的片面性。一定要认清楚这一点，千万不要把别人的意见当作你处理问题的原则。否则，受苦的是你自己，而不是你的朋友。

2. 不要把希望寄托在别人身上

有的人在不知所措的时候，总喜欢把希望寄托在别人身上，希望别人给自己出一个好主意。可是，你别忘了，这是你自己的事情，疼痛冷暖只有你自己知道，别人永远都不可能替你解决问题。归根结底，自己的问题需要自己来解决。你明白这一点后，或许你就知道该怎么办了。

3. 要考虑清楚“自己”的想法

别人在提意见的时候，说的都是他的想法和看法。但是对方也是人，不可能把事情都看透，他只是以他现有的认识能力和感知水平，给你提出他的建议。每个人经历的生活不一样，对事物的看法也不一样，因此，别人的建议也未必就是对的。所以，在面临迷惑的时候，事实上只有你自己最清楚到底该怎么办。抛开所有人的建议和意见，问清楚自己，你的想法究竟是什么。当你表现得有主见的时候，也就是征服别人的时候。

4. 拿定主意做自己意见的主人

如果你总在别人的意见中不断地游离，就会很容易迷失自己的想法和意见。这样，当你听从了朋友的意见，作了决定之后，很快就会后悔。因为别人根据经验所提供的建议和意见，或许并不适合你。因此，拿定主意，该怎么办就怎么办，遵从自己，做自己意见的主人，从而赢得别人的欣赏。

第7章 通晓心理策略，迅速赢得对方的信任

在生活中，不管面对什么事情，要想圆满地解决，就必须要讲究策略。古人说，有勇有谋，这里所说的策略就是古人所说的谋。很多时候，如果不讲策略，一味地蛮干，最后非但无法顺利达成目标，甚至还有可能两败俱伤。反之，如果讲究策略，就能够潜入对方的内心，不知不觉地让对方信任你。这样一来，就能够不动一兵一卒地赢取胜利。由此可见，策略攻心是很重要的。

鸟笼效应：先给予，再一举拿下

1907年，心理学家詹姆斯和好友物理学家卡尔森一起从哈佛大学退休了。

退休以后，他们经常在一起消遣时光。有一天，他们居然打起赌来。詹姆斯信心满满地说："我有个办法，要不了多久就一定能够让你养上一只鸟。"听完詹姆斯信誓旦旦的话后，卡尔森哈哈大笑起来，他肯定地说："我从来就没有想过要养一只鸟，所以我是绝对不会养鸟的，你输定了。"

几天之后就是卡尔森的生日了，生日当天，詹姆斯送给卡尔森一只精致漂亮的鸟笼作为生日礼物。卡尔森知道詹姆斯还在记着上次打赌的事情，因此，笑着说："就算你给我一只鸟笼，我也不会养鸟。不过，这只鸟笼挺漂亮，而且很别致，所以，我可以把它当成是一件工艺品，挂在客厅里以供欣赏之用。你还是放弃吧，因为你和我打的赌必输无疑。"

此后，卡尔森真的把詹姆斯送给他的鸟笼当成工艺品挂在了客厅，不过，他却没有意识到麻烦来了。自从把鸟笼挂在家中后，只要家里来客人，就很容易看见挂在书桌旁边的那只空空荡荡的鸟笼，而且，大多数客人都会忍不住问卡尔森："教授，您的鸟笼怎么空了啊？养的鸟飞走了吗？"为此，卡尔森只好一次次不厌其烦地向客人解释："其实，事情不是你想的那样，我从来就没有养过鸟，这只鸟笼只是一个朋友送的工艺品罢了。"但是，每当卡尔森这样回答客人的时候，客人就会流露出非常困惑的神情，还有些人会用不信任的，甚至是怀疑的目光看着卡尔森。渐渐地，卡尔森厌烦极了，再也不想为此事浪费唇舌向客人解释了。为了堵住客人的嘴巴，万般无奈之下，卡尔森教授不得不买一只鸟放进詹姆斯送给

他的鸟笼中。就这样，“鸟笼效应”诞生了。

约翰的太太朱莉是一位数学老师，思维严谨，形式古板。朱莉特别爱干净，总是把家里收拾得干干净净、一尘不染。不过，朱莉缺少情趣，很少在家里摆放鲜花等物品。因此，约翰几次抗议家里缺少色彩和温暖，但是朱莉却总是我行我素。一天，约翰买回一幅漂亮的油画，画的内容是一个花瓶，花瓶里装满了五颜六色的鲜花，非常绚烂。又过了几天，约翰买回了一个和画上的花瓶很像的大花瓶摆放在画的旁边。一天，两天，三天……约翰耐心地等待着，终于，一个多星期之后，约翰欣喜地发现朱莉买回来一束漂亮的鲜花插在花瓶里。自此，鲜花成了约翰家的常客，客厅里不但洋溢着花香，而且散发出生活的活力和气息。

在第一个案例中，詹姆斯教授通过送一只空鸟笼给卡尔森教授，成功地让卡尔森教授养起了鸟，由此诞生了“鸟笼效应”。“鸟笼效应”为人们揭示了一个很有意思的规律，是一个非常著名的心理现象。在偶然得到一件原本不需要的物品时，为了让这个物品看上去更加完整、完美，人们会情不自禁地继续添加更多自己原本不需要的，但是却与这个物品非常匹配的东西。在第二个案例中，约翰正是因为深谙“鸟笼效应”的强大功效，在多次劝说无果的情况下，通过买油画先让朱莉学会欣赏装满鲜花的花瓶，然后再买一个空花瓶回家，从而成功地让朱莉主动地买了一束鲜花放在花瓶中。这样一来，约翰不仅成功地避免了因为鲜花和太太闹不愉快，而且顺利地达成了目的，即让太太主动地去买鲜花插在花瓶中，可谓一举两得。

关于“鸟笼效应”，经济学家解释说，人们之所以愿意去买一只鸟，而不选择继续解释为什么会拥有一只空鸟笼，是因为买一只鸟比解释为什么拥有一只空鸟笼更加简便。其实，就算没有人问这件事情，或者根本无须加以解释，“鸟笼效应”也会在无形之中给人们造成一种心理上的压力，使人们主动去买一只与笼子相配套的鸟。在生活中，这种现象是非常常见的。假如能够很好地运用“鸟笼效应”，并且使之发挥出强大的功效，我们就能够和平地解决很多问题。诸如约翰，假如他强硬地要求朱莉必须买一些鲜花放在家里，那么，就很有可能与朱莉发生争执。然而，运

用“鸟笼效应”却能有效地避免争执。因为，每个人都不喜欢被人强硬地要求去做一些事情。但是，“鸟笼效应”的前提则与要求恰恰相反，它的前提是给予，通过给予的方式让对方就范。这样一来，对方非但不会产生排斥和抗拒的心理，还会心甘情愿地按照你没有说出口的“要求”去做，岂能不皆大欢喜呢?

边际效益：在对方最需要的时候出现

丽华和张强是自由恋爱的。当初，丽华和张强刚刚认识的时候，张强几乎身无分文，连维持生活都成问题。不过，张强一表人才，而且为人踏实，所以，丽华的父母非常支持他们在一起，因此在经济上给了张强一些援助。

结婚刚刚两个多月，张强所在的公司有一个投资的项目，因为张强人品好，深得老板信任，为了挽留人才，所以老板允许张强投资15%的股份，这样一来，以后每个月除了工资收入之外，还有分红。因此，张强赶紧把这个消息告诉丽华。其实，钱并不多，只要两万元就足够了。不过，他们却既喜又忧。因为张强没有积蓄，而且丽华把婚前的工资都交给妈妈了，所以，他们俩婚后简直是一穷二白。再加上丽华怀孕辞职了，所以经济上更是捉襟见肘。琢磨了大半个晚上，丽华终于想出了一个好主意。丽华和张强结婚的时候，没有要双方父母的一分钱。因此，婆婆曾经特意和丽华说过，以后要是想投资做生意什么的，没有多还有少呢，他们一定会多多少少帮一些的。为此，丽华让张强和公公婆婆借一些，然后丽华再和父母借一些。其实，丽华知道自己的父母手中有几万块养老钱，但是毕竟她和张强刚刚结婚两个月，不想全都和自己的父母借，因此，丽华叮嘱张强，能借多少借多少，即使借五千来，自己也好和父母开口。谁知道，张强打电话回家和父母说了这件事情以后，父母却说手里没有钱，为此，张强的哥哥还打电话把张强数落了一顿。其实，作为刚刚大学毕业、成家的小夫妻，张强和丽华的生活是非常艰难的。看到张强一分钱也没借来，丽

华哭了一个晚上。丽华说："咱们是借又不是要，就算家里没有，帮咱们借几千也行啊。我怎么向我的父母开口呢？"第二天，丽华的妈妈看到丽华红肿的眼睛，赶紧问丽华怎么了，丽华把事情的原委告诉了妈妈，妈妈马上去银行取了两万块钱给他们。因为这次投资，李强在一年之内分了几万块钱的分红，日子渐渐好过了。事后，张强一直很感激丈母娘，对老丈人和丈母娘更好了。

一年多之后，张强和丽华开着新买的车回老家看望公公婆婆，婆婆问他们是否还有投资的机会，说家里可以给他们借钱，但是丽华却摇了摇头。对他们来说，最困难的时候已经过去了，即使需要钱，也不会再开口向公婆借了。

也许，张强的父母的确有难言之隐，而且，子女也没有理由强求父母一定要帮助自己。不过，从这件事情中却反映出一种现实生活中非常常见的现象，即边际效益。所谓边际效益，其实是经济学中的一个概念。总体而言，边际效益是指在一个市场中，经济实体为追求最大的利润，往往会多次扩大生产，因此，每一次投资所产生的效益都会与上一次投资产生的效益之间有一个差，边际效益指的就是这个差。例如，一个人肚子非常饿，因此去买馒头吃。他吃了一个又一个，直到吃完第六个馒头肚子才饱。那么，相比之下，因为这个人在吃第一个馒头的时候最饿、最需要食物充饥，所以第一个馒头的边际效益最大，在这种情况下，即使让他多花一些钱，他也会毫不犹豫地买馒头；和第一个馒头相比，因为已经吃了一个馒头，不那么饿了，所以从第二个馒头开始，边际效益就递减了……以此类推，因为几乎已经吃饱了，所以第六个馒头的边际效益是最小的。在这种情况下，假如馒头卖得很贵，你很有可能选择不买馒头。在这个过程中，每支出一个馒头的价钱产生的效益，就是你感觉花钱买来的价值，从第一个向最后一个递减！这就是边际效益。对于丽华和张强而言，在最初投资的时候，是他们这个小家庭最困难、最需要帮助的时候，所以，谁帮助了他们，他们就一定会牢牢地记住谁，努力回报谁。但是，经过第一次投资，他们的经济情况已经有所好转，生活也由刚刚组建家庭时的慌乱走上了正轨，所以他们不再那么急迫地需要帮助了。在此过程中，别人的帮

助对他们的作用是逐渐递减的。甚至到了一年以后回家的时候，婆婆主动要帮他们借钱，他们也婉言谢绝了。

由此可见，在生活和工作中，假如你想帮助一个人，就应该在他最需要的时候出现。这样一来，你的付出能够为对方创造最大的价值，也必然使对方更加牢记你的帮助。反之，假如你在对方最需要帮助的时候没有出现，那么，一旦对方渡过难关，即使你付出同样的代价帮助对方，对方的反应也不会那么强烈了，因为此时他并不迫切需要你的帮助，而且你的帮助也不会像他最需要的时候那样为他创造最大的价值。很多时候，一旦错过了对方最需要帮助的时间，即使你付出再多的代价帮助对方，对方也未必像最需要帮助的时候那样感动。由此可见，要在他人最需要帮助的时候出现。

主动透露点儿秘密，换取对方的信任

下班了，同事们几乎都走了，办公室里只剩下雅娟和于慧。雅娟拿起电话给老公打过去："你下班了吗？什么时候回家？啊……但是……我都准备好了，买了好多你爱吃的菜……好吧……那就这样吧！"挂上电话，雅娟情不自禁地流下了眼泪。她的心里像办公室一样空空的，没着没落。雅娟和老公结婚八年了，今天是他们结婚八周年的纪念日。但是，老公不仅忘记了这个重要的日子，更让她生气的是还出去应酬，连晚饭都不回家吃。从七年之痒开始，雅娟已经记不清有多少个夜晚是自己一个人度过的。

这时，于慧走了过来，把手搭在雅娟的肩膀上，问她："怎么了？"雅娟默默地摇了摇头，平日里，她把工作和生活分得很清楚，虽然已经在公司工作六年了，但是雅娟从来没有向同事说过自己的私事，甚至，公司里没有任何一个同事知道雅娟的家住在哪里。雅娟勉强地牵动嘴角，对于慧笑了笑，说："大家都下班了，你怎么还不回家呢？"其实，于慧已经看到雅娟刚才流泪了，为了避免雅娟难堪，于慧故意等到雅娟把眼泪擦干

之后才过来安慰她。想到这里，于慧皱了皱眉头，说："回家？我老公每天都有忙不完的应酬，不是陪客户吃饭，就是陪客户桑拿。如果家里只有我一个人，那还能算是家吗？其实，我倒是觉得待在办公室里心里更加清静一些呢！"

听到于慧这么说，雅娟不由得放松了戒备心理，她暗暗想到："原来，男人都一样啊！于慧看上去那么开心，其实也有烦心事，也有难言之隐。"为了排解雅娟的郁闷情绪，于慧便主动邀请雅娟共进晚餐。在韩国烤肉城里，两个女人相对而坐，似乎还没有完全敞开心扉。于慧要了一瓶红酒，和雅娟小酌起来。于慧看似不经意地说："其实，男人都是很粗心的。每天忙不完的应酬倒情有可原，我老公不仅忘记了我的生日，甚至连我们的结婚纪念日也一起忘记了。"听到这里，雅娟惊愕地抬起头来，脱口而出："男人怎么都这样呢？！今天就是我和我老公结婚八周年的纪念日，我大清早就起来准备了很多他喜欢吃的东西，但是他却连家都不回……"一瓶红酒见底的时候，雅娟已经没有那么郁闷了，而且，她还和于慧成了很好的朋友。从此以后，不管有什么事情，她们都互相安慰和鼓励。显而易见，她们已经是知心朋友了。

在生活中，人人都有难言之隐，只不过有人说了，有人没说而已。其实，雅娟把工作和生活分得还是很清楚的，即使生活中有很多苦闷，在六年的时间里，她也从来没有向办公室的同事们诉过苦。不过，人还是需要发泄自己的情绪的，不然，就会郁郁寡欢、闷闷不乐。于慧显然是一个老大姐的角色，她很理解雅娟心里的苦楚，也愿意做雅娟的倾诉对象。显然，雅娟刚开始还是有排斥心理的，不过，于慧首先向雅娟吐露了自己的小秘密，即自己也有同样的苦恼。这样一来，雅娟就敞开了心扉，尽情地向于慧诉说了自己生活中的不如意之处。说完之后，雅娟无疑轻松了很多，在于慧的安慰下，她也想开了。经过这次心与心的交流，她们成了知心朋友，这无疑对她们排解情绪是有利的。

古人云，"交浅而言深，既为君子所忌，亦为小人所薄。"无疑，在生活中，每个人都有属于自己的小秘密，无论对谁而言，秘密都是非常重要的。因此，假如一个人想和另一个人建立亲密的关系，不妨首先敞开心

扉和对方分享自己的秘密，这往往是最直接、最有效的方法。不过，不管什么事情，都是有利也有弊的。如果你确实迫切需要结交一个知心朋友，验证对方对你是否忠诚、是否真心，那么，你不妨和他分享一些自己的小秘密。如此一来，他就会认为你因为信任他才把自己的秘密告诉他，并且还会觉得你把他当自己人。接下来，你要认真地观察他的反应，假如他对你不是真心的，他就会把你的隐私肆无忌惮地传扬出去，或者不作任何回应，把你的隐私永远地封存起来。反之，假如他对你的确是真心的，他就会因此而对你感激涕零，更加忠心耿耿。这样一来，自然也就达到了结交知心朋友的目的。需要注意的是，为了避免四处传扬你的秘密，对你造成恶劣的影响，所以，当你为了结交知心朋友而与人分享自己的小秘密时，最好先分享一些不会对自己造成负面影响的、无关紧要的秘密。

反射法则：你怎么对待他人，他人就怎么对待你

于忠梅是一个80后的单亲妈妈，独自抚养5岁的儿子阔阔。最近，于忠梅特别困惑，甚至还专门去看了心理医生。原来，阔阔以前特别听话，特别乖巧，但是最近却变得越来越叛逆，妈妈说东，他就朝西，妈妈说吃饭，他却偏偏要睡觉。

就像昨天在公园里发生的一件事情。前几天，阔阔和幼儿园的小朋友浩浩打架了，两个小家伙都记仇，所以他们整整两天谁也不理谁。不过，阔阔最近忘记了这件事情。妈妈把他从幼儿园接出来之后，他就吵着要去公园玩。在距离公园还很远的时候，阔阔就兴奋地喊道："浩浩，浩浩！"原来，他看见浩浩在公园里玩呢，便兴奋地一边往公园跑一边喊。谁知道，阔阔到了公园之后，浩浩却将头扭过去不理阔阔，嘴里还说着："你还打我呢，我不跟你玩！"经过浩浩这一提醒，阔阔也想起来，说："那你还吐我口水呢！是你先吐我口水，我才打你的！"

听到这里，浩浩不吱声了，不过，他还是不和阔阔玩。于忠梅想让阔阔去别的地方玩，但是阔阔却固执地挡着浩浩的小汽车的路，怎么也不

让开。于忠梅一生气，就直接把阔阔拉回了家，还对着阔阔大喊大叫道："人家不跟你玩，你就找别人玩呗，为什么非要挡着别人的路，你是癞皮狗吗？"谁知道，阔阔居然也冲着于忠梅喊了起来："我才不是癞皮狗呢！又不是我的错，他为什么不跟我玩？"于忠梅气得扬手对着阔阔的屁股打了两巴掌，阔阔居然用头去撞于忠梅。就这样，母子俩两败俱伤，整整一个晚上谁也不理谁。到了第二天早晨，看着孩子哭得又红又肿的眼睛，于忠梅不禁又气又急，她不知道她们母子之间到底是怎么了。最终，送孩子上幼儿园之后，于忠梅选择了看心理医生。

听了于忠梅的叙述，医生俨然已经知道了问题的症结所在。他问于忠梅："你和你丈夫离婚多久了？"于忠梅说："一年多了。"医生接着问："那么，离婚之后，你发现自己的情绪有什么变化吗？"于忠梅沉思片刻，告诉医生："我是因为老公出轨才选择离婚的。所以离婚之后，我的心情特别不好，动不动就爱发脾气，也总是对着阔阔大喊大叫，经常训斥他。有的时候，我一想到前夫出轨的事情就心理不平衡，再加上一个人带孩子很累，所以才会打孩子的屁股。"医生语重心长地对于忠梅说："孩子的成长过程不可逆转，你就是他的一面镜子，你怎么对他，他就怎么对你。"听了医生的话，于忠梅陷入了沉思……

显而易见，阔阔之所以由一个懂事的、听话的、乖巧的孩子变成了一个对着妈妈大喊大叫的、还用头顶撞妈妈的叛逆的孩子，就是因为受到了妈妈的影响。的确，我们可以体谅一个80后单亲妈妈的辛苦，而且还是在老公出轨的情况下离婚的，因此心理上难免会有些不平衡。不过，正如心理医生所说的，孩子的成长过程是不可逆转的，而家长则是孩子的一面镜子，如果不能起到很好的言传身教的作用，就会给孩子带来负面的影响。事实证明，正是因为于忠梅的心情越来越差，经常对着孩子大喊大叫，还时不时地打孩子，所以才导致孩子也冲着妈妈大喊大叫，还用头撞妈妈。长此以往，孩子必将越来越叛逆，越来越难以管教。因此，每一个做家长的都要反思自己，是否给孩子树立了一个好榜样，孩子的习惯是否与家长的影响有关系？试想，一个只有5岁的孩子都要求平等与尊重，否则就会叛逆，和家长对着干，更何况成人呢？毫无疑问，成人更需要彼此之间互相

尊重，平等对待。

在生活中，人们常说，如果你想让别人怎样对待你，你就要怎样对待别人。其实，这个道理不仅适用于家长与孩子之间，也同样适用于成人社会。从某种意义上来说，这句话实际上是要求我们尊重别人，平等地对待别人。众所周知，尊重与平等是人与人之间交往的前提，假如没有这个前提，人与人之间就无法平等友好地相处下去。假如你不尊重别人，就没有权利要求别人尊重你；假如你不平等地对待别人，别人也会不平等地对待你；假如你对待别人不够真诚，别人也必将欺骗你。总而言之，你想让别人怎样对待你，你就要怎样对待别人。

同理心：通过小秘密，与对方达成共识

最近，单蕾和老公闹别扭了。其实，细想起来，并不是因为什么大不了的事情，但单蕾已经和老公“冷战”一个星期了。

事情的起因很简单，单蕾带孩子在公园玩的时候，孩子不小心摔破了脑袋，缝了好几针，流了很多血。其实，单蕾并不是没有看好孩子，只是孩子实在太淘气了，爬上爬下，上蹿下跳的，根本不愿意老老实实地待着。看到孩子流血了，单蕾的眼泪当时就流了下来，她非常心疼孩子。在邻居的帮助下，她赶紧打车带着孩子去医院，清理了伤口。幸运的是，医生说孩子年龄还比较小，愈合能力强，如果恢复得好，基本不会留下明显的疤痕。这样，单蕾才松了一口气。直到处理完伤口，安抚好孩子，单蕾才有时间打电话给老公。老公刚刚接通电话，单蕾就哭得泣不成声，其实，作为一个初为人母的80后妈妈，单蕾自己也吓坏了。想不到的是，老公一听说孩子的头磕破了，而且还缝了针，劈头盖脸地就数落了单蕾一顿，说：“你是怎么带孩子的？你这么大个人了，怎么连个2岁的孩子都看不好？他爬高你为什么不看着他？你说你，我没有要求你去上班吧，你什么都不用干，也不用辛辛苦苦地挣钱，你所有的工作就是在家里专心致志地给我带好这个孩子，你为什么连这点事情都做不好呢？”听到老公这

么说，单蕾突然爆发了，她怒气冲天地对老公嚷道："是的，我不挣钱，我不上班，但是你知道带一个孩子有多么累吗？我不仅要带孩子，还要做家务，还要做饭给你们吃，我每天从睁开眼睛开始到闭上眼睛，没有一分钟是闲着的！"说完，单蕾就生气地挂断了电话。其实，她知道老公肯定会责怪自己，但是她没有想到老公居然一点儿都不认可她为这个家、为孩子所付出的辛苦和努力，听到她哭成那样了，非但没有安慰她，反而以她不上班、不挣钱为由责怪她没有看好孩子。其实，看一个孩子多么费心劳神，远远比上班累多了。从这通电话开始，她就再也没有搭理过她的老公。

第二天一大早，老公和孩子还没起床，单蕾就简单收拾好行李开始了一趟为期一周的短途旅行。虽然很惦记孩子，但是她始终没有打电话问过老公这一星期他们是怎么度过的。在旅行的最后一天，老公发短信向单蕾道歉："对不起，老婆，我错了。在你不在家的这段日子里，我请假全职在家带宝宝，我现在已经知道你有多么辛苦了，我也知道你为这个家付出了多少。"看到这条信息，单蕾的眼泪夺眶而出。即使再辛苦，她也愿意承担，她只希望老公能够认可自己、体谅自己。单蕾赶紧赶回家，继续任劳任怨地照顾老公和孩子，而老公也有了很大的改变，他总是在工作之余尽量帮助单蕾分担一些家务。

其实，单蕾之所以生气，并不是因为老公责怪自己没有看好孩子，而是因为老公在言谈之间流露出不认可单蕾为家庭、孩子所付出的一切努力。不管哪个父母，都非常爱自己的孩子，没有任何一个父母愿意自己的孩子受到伤害。因此，单蕾的老公最正确的做法应是在第一时间安慰单蕾，表示对她的体谅。其实，孩子受伤了，妈妈是最心疼的，而且，作为一个初为人母的80后妈妈，必然没有丰富的经验，因此，在面对这类突发事件的时候，也受到了很大的伤害。所以，老公的理解和体谅能够尽快地安抚单蕾，使她从惊吓中恢复过来，以后更加用心地照顾宝宝。这样一来，就不会有单蕾把孩子丢给老公一个人照顾而自己外出旅游的事情了。

其实，这就是我们平时所说的同理心。所谓同理心，就是指站在对方立场设身处地思考问题的一种方式。同理心也叫换位思考、移情、共情、

神人，即透过自己对自己的认识，来更好地认识他人。在生活中，如果能够处处以同理心待人，就能够使人与人之间的交往更加和谐融洽。在人际交往的过程中，拥有同理心的人能够站在他人的立场上，深入体会他人的想法和情绪，理解他人的感受，设身处地地为他人着想，站在他人的角度思考和处理问题。对待一件已然发生的事情，有同理心的人能够换位思考，把自己当成是别人，想象别人是出于怎样的心理才会做出这种举动，从而触发了整件事情。在此过程中，因为自己已经接纳了这种心理，因此也就在不知不自觉中接纳了别人的这种心理，所以更容易谅解别人的行为和处理事情的方式。古人云，“己所不欲，勿施于人”，说的其实也是这个道理。在处理事情的过程中，要能够反复地思考，认真从其他角度看待问题，即使自己的看法与别人不一致，也能够很好地理解和体谅别人。由此可见，要想与别人达成共识，就要培养自己的同理心。

对比效应：利用对比触动对方的心

约翰和玛丽是一对夫妻，他们已经结婚十年了，共同孕育了四个孩子，大的八岁，小的只有一岁。约翰是一个普通的农民，一家六口都靠他和玛丽种地为生。他们的房子很小，只有三间，一间是客厅，另一间是约翰和玛丽的卧室，还有一间是孩子们的卧室。此外，他们还搭了一个简易的厨房和厕所。他们还有一个棚子，里面圈着奶牛和鸡。

突然有一天，约翰的父母不约而至，说他们的房子被飓风刮倒了，所以只好来和儿子一起住。原本就很拥挤的家里突然又住进了两个人，简直挤得下不了脚。每天，听着老人的咳嗽声、孩子的哭泣声，玛丽简直头痛欲裂。这样的日子，她不知道自己还能忍受多久。虽然玛丽多次和约翰提出是否应该问问他的父母有没有别的住处，但是约翰总是张不开口，因为他的父母只有他这么一个儿子，根本没有别的去处。就这样，终于有一天，玛丽忍无可忍了，她去找村子里最有智慧的长者倾诉自己的苦楚。听完玛丽的叙述之后，长者说：“我给你出个主意吧，不过，你一定要按照

我说的去做。”玛丽听后连连点头，说：“只要能够结束这种生活，你让我怎么做都可以。”智者平静地说：“回家之后，你把奶牛牵到你们的客厅，晚上也让它在那里。”这下子，更热闹了，除了老人的咳嗽声、孩子的哭泣声之外，还有奶牛的哞哞声。不过，智者之所以这么说肯定是有道理的，所以，玛丽又忍耐了几天。一个星期之后，玛丽彻底受不了了，于是，她又去找智者。谁知，智者平静地说：“回家之后，你把鸡笼子和鸡也一起搬到客厅，记住，晚上也放在那里。”这次，玛丽坚持了三天。但是，她实在受不了了，家里充斥着老人的咳嗽声、孩子的哭泣声、奶牛的哞哞声和公鸡的打鸣声，简直没有一分一秒是安宁的。第四天晚上，玛丽连夜跑去找智者。智者似乎正在等着玛丽，一见到玛丽，智者就平静地说：“回家去，把奶牛和鸡笼子一起搬回窝棚里。”就这样，玛丽按照智者的建议把奶牛和鸡笼子一起搬回了窝棚里。

那天晚上，玛丽睡了一个从未有过的安稳觉，在睡梦中，她甚至香甜地笑了。从此以后，玛丽再也没有抱怨过约翰父母的到来使他们的小房子更加拥挤了。迄今为止，他们仍然幸福地生活在一起。

玛丽的转变为什么这么大呢？只是因为智者利用对比效应触动了玛丽的心。在约翰的父母没有到来之前，他们一直是一家六口人在一起生活，因此，约翰的父母到来以后，玛丽总是不由自主地把眼下乱糟糟的八口人一起生活的情景和之前六口人一起生活的情景作比较。但是，自从智者让玛丽把奶牛和鸡笼子搬进客厅之后，他们的生活无疑更乱了，简直称得上是混乱，人畜共处一室的情景可想而知。艰难地忍受了十几天之后，玛丽的神经快要崩溃了，因为奶牛和公鸡一发出声音，孩子就被惊醒，开始哭闹起来。因此，当智者让玛丽把奶牛和鸡笼子搬回窝棚的时候，屋子里瞬间恢复了平静，甚至和之前的六口之家的生活一样美好，这完全是因为玛丽曾经失去了这种生活，而是与奶牛和鸡共处一室。事情发展到现在，对比物已经发生了变化。当然，谁都知道即使是八口人生活在一起，也比与奶牛和鸡共处一室强多了。这样一来，玛丽自然就不再抱怨了，相反，她甚至还会感到幸福和满足。这就是对比效应。

对比效应也叫“感觉对比”，具体指的是因为背景不同，所以即使是

同一刺激，产生的感觉也会存在差异。例如，假如我们把同一种颜色分别放在较暗的背景上和较亮的背景上，很容易就能发现，在阴暗背景的衬托下，这种颜色看起来比较明亮，相反，在较亮背景的衬托下，这种颜色看起来就显得暗些。同样的道理，因为两种事物在大脑皮层中产生相互诱导作用，从而在对比中加深了印象，而单独出现在大脑皮层中的事物没有产生诱导作用，就会显得平淡而不易记忆，因此，两种不同的事物同时或相继呈现的效果，往往比它们单独呈现的效果更好。在生活中，假如我们掌握了这个效应，并且加以利用，就能够使人增强对某些事情的印象，或者减弱对某些事情的印象，从而触动对方的心灵，顺利地达到预期的目的。

第8章 懂心理震慑人心，提升自身气场的策略

我们总说是金子不管放到哪里都会发光。所以，很多时候，我们在人际交往当中，总是被动地等待着被别人发现，却不懂得及时地表现自己，提升自身的气场，进而对他人实现驾驭，因而失去了很多机遇。事实上，我们大可不必做那沉默的金子，应在适当的时候表现自己，提升自身的气场，把命运把握在自己的手里。那么，在交际当中，究竟如何表现才能营造强大的气场，赢得别人的关注和欣赏呢？如果你感到疑惑，那么这一章给出的建议和意见或许能帮到你。

有追求有目的，做起事来才有气场

不管在生活中还是工作中，如果你有了清晰的目标，就有了方向，那么做起事情来就不会迟疑，而会尽全力把事情做好，你的气场也会随之强大起来；相反，如果你总是迷茫，总是不知道自己该做什么，做起事情来畏首畏尾，自然就没有办法把事情做好，慢慢地，你就会对自己失去信心。可见，有追求的目标，做起事情来才更有气场。

大学毕业之后，雨虹一心想着早点工作，早点赚钱，贴补家里的开支。可是当她工作了两个年头之后，她慢慢地发现，她的学历有点低了，很多工作她根本没有办法去应聘。于是，她决定要考研究生。

从那以后，在工作之余雨虹总是抽时间去复习，尽管两年不摸书本了，可是她底子扎实，所以考研对她来说并不是难事。面对众多的高校，她权衡利弊之后，选择了西北师范大学，她觉得这所学校的外语系应该能给她带来想要的东西。

经过整整一年的准备，她参加了这年的研究生考试，可是由于之前她对研究生考试了解得不够透彻，再加上两年多没有参加考试，对考试有些生疏，因此她的成绩比录取分数线低了30分。当她得知这个成绩后，并没有太大的失望和遗憾。

于是，她再次投入了复习之中，不但学习了新的课程知识，还把从高中到大学所要考到的知识点一个不落地复习了一遍。当然，这占去了她大部分的业余时间。这一年，她几乎很少和朋友们聚会，即使跟男朋友约会也少了很多。她的目标只有一个，那就是一定要考上今年的研究生。

可是，事与愿违。在第二年的研究生考试中，她再次名落孙山。她的成绩只比录取分数线低了5分。想想这一年付出的努力，她有些灰心和失望

了。但很快，她就从这种阴影中走了出来，因为她看到了30分跟5分之间的差距，她的努力并没有白费。

第三年，她投入了更多的精力去学习，去努力。平日里她完成公司安排的工作任务之后，就抓紧时间学习。就连吃饭、上厕所也是争分夺秒。整整一年的时间里，她都在全力以赴地学习。

功夫不负有心人，她的付出终于有了回报。在第三年的研究生考试中，她终于如愿以偿，拿到了西北师范大学的入学通知书。那一刻，她露出了得意的微笑，也感受到了那份成功的喜悦和兴奋。

案例中的雨虹在工作之后，意识到自己的低学历对工作的不利影响，进而有了想要考研究生的想法，也正是因为她有了这个目标，所以在遭遇了接二连三的失败后，并没有放弃，而是从中认识到了自己的现状，把握了自己，从而鼓起了更大的勇气去努力付出，最终如愿以偿。可见，有了目标，就有了坚持下去的理由，面对挫折和失败就不会随便放弃，就有勇气去面对困难，挑战自己。那么，究竟该如何确定自己清晰的目标，并坚持下去呢?

1. 琢磨清楚，你究竟想要什么

很多时候，人在生活中并不知道自己想要什么。总觉得别人有的，自己也一定得有，可是别人之所以有，是因为对方确实需要，但是，你盲目地追求，却不知道自己是否需要。当你得到之后才发现自己并不需要的时候，你才会感觉到痛苦。所以，我们不能没有目标，也不能盲目地去追求目标，一定要想清楚自己要什么。只有你清楚自己想要什么，才能全力以赴去争取，你的气场才能随之强大。

2. 目标要能通过努力达到

如果你想要的东西通过努力得不到，那么你也只能是幻想。当你明白了自己的愿望无法实现的时候，自然就没有信心再去努力了。所以，目标一定要明确，而且这些目标是你通过努力能够实现的。

3. 看清自己需要如何付出

有了目标之后，要看清楚，你如何通过努力去实现它，得到它。如果你不去思考这个问题，整天抱着一个目标生活，那么你一样不会感到快乐，甚至还会因为怀疑自己的能力而感到痛苦。当你真正地考虑如何实现

目标的时候，就会看清楚自己的实力，就会知道究竟有多少路需要你走。只有这样，你才能全力以赴，你的气场才能随之强大。

4. 对失败和挫折有清晰的认识

任何人都不可能随随便便地成功。即使你为了实现你的目标付出了艰辛的努力，也不一定能成功。这一点，你一定要认识清楚。这样，你才会越挫越勇，你的气场才能随之增强。所以，在这个过程中，遭遇挫折和失败是再正常不过的事情。遭遇挫折之后，不要自怨自艾，而应该及时地发现自己的不足，从而投入更大的精力去努力。

勇敢表达观点，让他人刮目相看

很多时候，人与人之间的互相了解和认识，是从言语的沟通开始的。勇敢地表达自己，才能让别人了解你，认识你。事实上，你也能借着这个机会及时表现，给别人留下好印象，继而赢得他人对你的欣赏和倾心。如果你只是沉默不语，或者人云亦云，别人自然不会对你有好印象。

南方的一家著名的广告公司在招聘企业策划的文案人员时，要求非常苛刻，应聘者必须有硕士以上的学历，而且要有两年以上的工作经验。对于本科毕业的刘盈来说，她根本不符合这些条件，但是她已经失业好几个月了，再不工作的话，连衣食住行都成问题。

无奈之下，她只好抱着一大堆应聘材料和证书前去应聘。不巧的是，面试那天早上，她起晚了，等她赶到公司的时候，面试已经结束了。刘盈说了一大堆好话，负责面试的人还是把她给打发走了。

她不甘心就这么放弃，回到家后，她四处查找资料，最后找到了这家公司老总的电话。她很客气地打了过去，说明了事情的经过，老总让她第二天去找人事主管。

第二天，人事主管亲自对她进行了面试，然后遗憾地告诉她："对不起，你不符合我们的要求，我们不仅要求有硕士学历，还要求有两年的工作经验。"

刘盈有些气馁，但是她并没有因此而感到绝望。她说："文凭只能说明一个人的受教育程度，并不能说明一个人处理问题的能力。规定是人定的，我相信贵公司要的是能为公司创造财富的人，而不是硕士文凭。"

人事主管想了想，说："你稍等一下。"随后走进了总经理的办公室，几分钟之后，他出来对刘盈说："恭喜你啊，刘小姐，你被录用了。"

刘盈惊奇地说："真的吗？我真的被录用了吗？"

人事主管点了点头说："你刚才的一番话让我很震撼，说服了我。我把它转述给了总经理，同样说服了总经理。我们非常看好你，所以破格录用你。"

案例中的刘盈在被用人单位拒绝之后，并没有放弃，而是勇敢地表达了自己的观点，营造了自身强大的气场，从而赢得了人事主管的刮目相看，最终获得了对方的认可，并为她做了推荐，破格录用了她。由此可见，在适当的时候勇敢地表达自己的观点，可以赢得他人的好感，在一定程度上也能弥补其他方面的缺失。那么，究竟该如何勇敢地表达观点，赢得他人的青睐呢？

1. 要加强语言表达能力

一个语言表达能力弱的人，很难将自己想说的话表达清楚。你的情感、你的意愿表达不出来，别人就没法了解你，自然对你没有深刻印象。因此，要想勇敢地表达观点，首先要把语言表达清楚，这是前提。因此，在勇敢地表达自己的时候，要增强语言表达能力，这样才能把握住机会。

2. 要加强逻辑思维能力

一个逻辑思维能力强的人，说出的话才能被别人信服，否则即使你说得天花乱坠，也征服不了别人，那么你说的话就是废话，没有任何意义，更别说让人刮目相看了。所以，在勇敢表达观点的同时，还需要加强逻辑思维能力，把话说得滴水不漏，这样才能赢得别人的欣赏。可见，要想勇敢地表达自己，让他人为你倾心，就要不断加强自己的逻辑思维能力。

3. 把话说到对方心坎儿上

如果你说的话不是对方渴望听到的，一般情况下就很难给对方留下印象，也不会对别人起到任何作用，因为不能说服对方。在勇敢表达自己观

点的同时，也要考虑清楚，你的表达是不是别人想听的，你表达出来，别人能否接受；否则，你的卓越表现就会引起别人的反感。勇敢表达自己的同时，一定将话说到对方的心坎儿上。

4. 别害怕，勇敢地站出来

很多时候，我们的想法很独特，很新颖，但总是害怕说错，担心不被别人接受，因而总是沉默不语，不敢表达。事实上，你的不勇敢给你带来了很大的不利。因而，在表达自己观点的时候，不要考虑那么多，勇敢地站出来。即使你的表达不被人喜欢，对你也不会有多大的影响。如果能被别人接纳，那么赢得他人的欣赏就是水到渠成的事情。

处变不惊，展现你的强大气场

很多时候，人与人谈话的内容并不能代表对方的意志，尤其是在人际交往当中，双方谈话的态度和口气会形成相应的气场，如果你的气场能压过对方的气场，那么在交往中你就起着主导的作用，对方只能顺从你。相反，如果你的气场不强烈，势必会被别人牵着鼻子走。

尽管有些时候，对方表现出强烈的主导权，但是并不代表他就能主导你们之间的关系，适当的时候，表现得稳健一些，这往往会让对方不自信。这就要做到，在事情发生之后，不慌乱，泰然处之，表现得淡然一些。这时候，你的气场自然就会强大起来。

战国时期的蔺相如，带着和氏璧去和秦王交换十五个城池，秦王把和氏璧捧在手里，压根儿不提交换的事情。

蔺相如知道，秦王并不是真心想要用城池来交换和氏璧，于是蔺相如撒了个谎，对秦王说和氏璧有瑕疵，秦王信以为真，就把和氏璧还到了蔺相如的手里。

蔺相如拿着和氏璧站到了柱子边上对秦王说：“大王想要用十五个城池来交换和氏璧，可是我把和氏璧交到了大王的手里，大王却始终没有提及城池。于是我断定大王并不是真心想交换。”

秦王一听急了，站起来说："你说你这个人啊，着什么急呢，我这不是正在查看吗？"

蔺相如往后退了一步说："大王不要轻举妄动，否则我的脑袋和这块和氏璧一起开花。"

秦王无奈地说："你不要着急，咱们有话好好说。"

蔺相如哈哈大笑："晚了，我不和你交换了，你不讲信用。"

秦王无奈，只好让蔺相如回去了。就这样，秦王的诡计没有得逞，蔺相如成功地将和氏璧带回了赵国。

蔺相如做了个假设，如果你逼我，我就把这个宝贝摔碎，我也死在这里，这就给秦王造成了一种压力。事实上，如果秦王来硬的，蔺相如也未必敢把和氏璧撞碎。当事情突然发生之时，蔺相如并没有惊慌失措，而是不慌不忙，泰然处之，从而让自己的气场无限放大。由此可见，在人际交往当中，遇到事情千万不要惊慌失措，你越沉稳，就越能解决问题，气场也就越大。那么，如何做到遇事不慌，泰然处之呢？

1. 从容镇定，不要慌乱

在应酬交际的时候，谁也不会料到会发生突然情况，因此谁的心里都没有准备。这时候，双方的内心之中势必会很恐慌。人在这种状态下说话和做事是不理性的，也是不成熟的，一句话说不合适就会给对方造成伤害，从而给双方的关系蒙上阴影。因此，当事件突然发生之时，要从容镇定一些，不要慌乱。只有内心稳定，才会理性思考，才会知道该怎么办，这时候你的气场自然就强大了。

2. 迅速寻找解决方法

出现突发情况后，除了要保持冷静之外，还要尽快地想办法解决突发情况带来的伤害。在这种情况下，知道了怎么办，内心的恐慌便会减少很多，同时，你也能迅速地找到解决的方法，从而能让对方感觉安定。所以，不要慌乱，更不要脑子里一片空白，要迅速冷静下来，解决问题才是关键。只要你解决了问题，在两人之间的交往中便占据了绝对的主导地位。

3. 不要抱怨和指责

一般情况下，突发事件发生后，人的反应是追究责任，在责任不明确的情况下，会互相指责，互相抱怨。这种指责和抱怨比突发情况带来的伤害更严重，因为它伤害了彼此之间的感情，给两人的接触和交往蒙上了阴影。因此，不论发生什么事情，永远不要抱怨别人，主动承担责任往往能显出你的大气。

4. 无论如何要彼此信任

两个人之间最忌讳互相猜疑，尤其是遭遇突如其来的变故时，猜疑将会使彼此之间失去信任，没有了信任，双方的关系也就到了最危险的时候。没有人喜欢和一个不信任自己的人交往。因此，当突发情况来临的时候，不管造成的伤害多么大，只要彼此信任，就能解决问题。同样，你的信任会换来别人内心深处对你的欣赏和喜欢。

5. 有问题不妨一起商量

很多人在出现问题后，往往习惯自己来解决。事实上，如果这时候你不和对方商量对策，那么无疑就会让别人觉得你并不信任他。既然双方在交往，在接触，那么说明双方是拴在一根绳子上的蚂蚱，互相是有关系的。既然如此，出现问题之后，不妨一起商量对策，说不定别人的主意能更好地解决问题呢！

话不在多，而要言简意赅

在生活中，你仔细观察就会发现，有的人说话言简意赅，句句都能说到点子上，能击中问题的要害，因而很快就能营造强大的气场，控制别人的思想。而有的人尽管表达了很多，但是让人听着云里雾里，根本没有涉及核心问题，从而被人轻视。事实上，不是他们的态度有差异，而是因为他们的表达能力不一样。

王大姐是一个热心肠的人，平时遇到邻居之间有矛盾就喜欢主动去化解纠纷，村里面因为她的存在而增添了不少和气，人们都说王大姐化解纠

纷有妙招，据说法庭的调解员还曾向她讨教过高招。

有一次，邻居李大爷家的两个儿子因为分财产而闹得邻里不安，大家都束手无策，这时候王大姐站出来了，她首先不是去劝说，而是认真倾听各方的说辞，之后找准两兄弟争吵的核心问题：财产分配不均。

找准焦点问题后，王大姐开始说了：老大，你兄弟的身体经常有病，而且平时对父母也很孝顺，对你也很尊重，你可以适当让一步。

老大不服气地说："我的负担很重，我让一步，谁来让我？"

王大姐说："是兄弟情分重要，还是财产重要？"

老大低头沉默了。

说完了老大，王大姐对老二说："你大哥已经成家了，负担很重，平时对你也很照顾，你也要体谅你大哥。"

老二很委屈地说："我的身体又不好，财产少了怎么生活？"

王大姐说："财产再多也会有用完的一天，但是兄弟情分是用不完的，况且你的财产用完了之后你大哥也会照顾你的。"

老二也不再说什么了。

最后兄弟二人和和气气地把财产分配好了。

王大姐抓住两兄弟的争论焦点后，迅速各个击破，几句话的工夫就平息了一场争吵。

案例中，王大姐之所以能够成为化解纠纷的"名人"，其中最重要的一点就是：她能够找准问题的核心，因而出口就能击中要害，并且通过简洁而不简单的语言把矛盾化为乌有。如果王大姐当时也跟着双方啰啰唆唆地争论，那么不仅化解不了矛盾，还会火上浇油。因此，要想增强你的气场，就不要说多余的废话，要学会言简意赅，一出口就能击中要害，从内心深处去震撼他人。那么，怎样才能做到一出口就能击中要害呢？

1. 迅速找准中心

任何问题都有中心和重点，找到了这个中心和重点之后，说话的时候才能有的放矢，才能知道什么话该说，什么话不该说。所以，迅速找准谈论的中心是言简意赅的前提和基础。否则，眉毛胡子一把抓，只能惹人厌烦。如何才能找到问题的中心和重点呢？可以通过由表入里的分析法、因

果推断法等，比如案例中，王大姐通过兄弟二人的争吵内容，从果索因，得出了二人争吵的焦点是财产分配不均。

2. 快速组织语言

快速组织好语言，可以让你发言的时候有条不紊，别人一听就能明白你说话的逻辑结构，否则说话吞吞吐吐的，会让听众大皱眉头。因此，快速组织语言是关键。如何才能快速组织语言呢？在宏观上，可以通过时间先后顺序法、前因后果法等方法给自己要说的大体内容排序；在微观上，可以通过提主干法，迅速组织好每一句话的主干，然后适当地添枝加叶即可。

3. 细心挑选要点

要想使说话不啰唆，其实只需挑重点说就行，其他次要的内容，要么不提，要么一言以蔽之，只有这样才能保证你的发言在最短的时间内收到最好的效果；否则，即使你滔滔不绝地谈论半天，听众也不是不知你发言的目的。案例中的王大姐找到兄弟情分比财产更重要这个要点，迅速地说服了老大。所以，细心挑选要点是一项重要的工作。

4. 加强持久练习

世上无难事，只怕有心人。任何能力都不是天生的，而是人们付出了辛苦的努力之后争取过来的。因此，要想让自己的表达能击中问题的要害，平日里就要多练习。具体来说，可以通过多参加辩论赛、讨论会以及演讲的方式来练习。

适度地高调让你与众不同

很多人喜欢做默默无闻的“金子”，等待着被别人发现和认可。事实上，这个世界上的“千里马”很多，懂得欣赏的“伯乐”却很少。要想被别人重视和认可，就要适当地高调一些，大胆地表现自己，对自己进行夸奖，往自己的脸上贴金子，让自己与众不同，这样才能让自己的气场更强。

大学毕业后，赵辉拿着简历四处奔波找工作。他是学中文专业的，

在市场上对应的岗位相对来说较少，因而，奔波了整整一个月后，没有任何进展。就在他心灰意冷之际，无意之中他发现了一个国有企业在招聘秘书。

他为此而暗自窃喜，但是很快，他发现对方要求的是硕士学历，而他只是本科毕业。但他并没有放弃，而是主动给对方打了电话，在电话中，赵辉被拒绝了。

这天，他带着自己的简历来到了招聘企业。前来应聘的人不是很多，但都是硕士学历，赵辉也谎称自己是硕士学历，因而获得了与面试官面谈的机会。

当面试官得知他只有本科学历时，明显感到不悦，赵辉急忙作了解释，并对面试官说："我的学历低一些，但是我相信贵企业需要的是人才，而不是学历。"面试官略加思考之后，给了他面试的机会。

赵辉抓住机会，将自己详细地介绍了一番，在介绍当中，他除了说自己的基本信息之外，大多数的话都是在夸奖自己。他说："我的写作能力很强，高中时，我就在当地的期刊上发表过小说，上大学的时候，我在著名的半月刊《十月》上发表了中篇小说，引起了不小的轰动。"

"除此之外，我处理人际关系的能力也很强，在大学期间，长期担任校学生会主席，协助校领导完成学生的管理工作，并多次得到了校领导的肯定和同学们的认可。"

赵辉接着说："我在学习上也很努力，成绩一直是全年级第一，多次获得过国家奖学金。"说着赵辉又将成绩单和奖学金的证书放到了面试官的面前。

整个面试过程都是赵辉在不断地夸奖自己，面试官频频点头。面试结束之后的第三天，赵辉接到了国有企业的电话通知，让他去报到。就这样，赵辉在不利的条件下，通过发挥自己的优势，获得了国有企业秘书这个职位。

案例中的赵辉在介绍自己的时候，不断地自夸，从而让面试官了解了他的实际能力，最终在众多的面试者中脱颖而出。试想，如果当时他比较低调，不对自己进行夸奖，那么他给面试官留下的印象便会很模糊，最

终很有可能与职位无缘。由此可见，在适当的时候，要学会高调，学会自夸，往自己的脸上贴金，以增强别人对你的认可和欣赏。那么，如何才能做到适度的高调，让自己与众不同呢？

1. 要自信一些，敢于对自己进行夸奖

如果你一味地谦虚，等着别人来发现你，那么你注定会失去很多机会，因为被人发现是需要一定的时间的。所以，抓住机会，及时地进行自我推荐显得尤为重要。对自己进行夸奖的时候，要有勇气，要自信一些，因为你是在为自己争取机会。如果你连站起来夸奖自己的勇气都没有，即使你能力再强，别人也不知道。再说了，没有真本事，敢炫耀自己吗？

2. 要坦诚一些，自夸的话一定要属实

在向别人推荐自己时，自我夸奖是很有必要的。但是在夸奖的过程中，你所说的内容一定要属实，如果你用假话来欺骗和糊弄对方，对方一定能感觉出来，因为人在说谎的时候，表情和动作会出卖自己。试想，如果对方发现你在说谎，对你的印象能好吗？所以，要想别人对你有更好的印象，更加欣赏你，那么不妨坦诚一些。

3. 态度谦虚些，自夸时不要飞扬跋扈

有些人在夸奖自己的时候，一个劲儿地炫耀自己多么伟大，多么有本事，恃才傲物之情油然而生，这种说话的态度会使言语间流露出骄傲自满，甚至是飞扬跋扈的情绪。但是别忘了，你是为了给别人留下好印象，是为了让别人更加欣赏你才自我夸奖的，如果态度不谦虚，别人又怎么可能欣赏你呢？

4. 用语准确些，切忌表达得天马行空

即使是对自己的实际情况的自夸，说话时，用语也要准确，切忌让自己的表达天马行空，诚然，你是为了给别人留下好印象，是为了让别人更加欣赏你，但是你夸大了你所取得的成就，就会让别人感觉不真实，进而对你产生怀疑。尽管你没有说谎，但是别人会对你产生不信任的情绪，这跟你说谎的效果是一样的。

展现你的才华与能力，才能更吸引对方

在生活中，大多数人都谦虚内敛，在关键时刻不敢表现自己的才华，从而错过了大好的机会。等与贵人擦肩而过之后，又一个劲儿地责怪自己。做人谦虚一点，这本没有错，但是过度谦虚往往会让别人认为你无能。对于一个没有能力的人，大家自然不会喜欢你、欣赏你。

所以，在关键时刻，不要假惺惺地谦虚礼让，而应主动地展现自己的才华，吸引别人发现你、认可你，这对你的人际交往有很大的帮助。事实上，人们总是喜欢结交自己欣赏和佩服的人，如果你庸庸碌碌，又怎么能引起别人的注意呢？相反，如果你主动地推销自己，成功的概率往往会提高很多。

战国时期，秦军包围了赵国的都城邯郸。赵国国内一片慌乱。赵王急忙派平原君去楚国搬救兵。平原君把自己的门客召集起来，想要从中挑选20个文武兼备的人才。他挑了又挑，选了又选，选了19个，最后一个怎么也选不出来。

这时候，一个叫毛遂的人站了出来，说："我知道先生现在还缺一个得力的助手，希望先生能带着毛遂一起去。"

平原君望了望毛遂，说："你到我门下几年了？"

毛遂回答说："到现在为止，足足有三年多了。"

平原君笑了笑说："我听说有本事有能力的人，就好像放在布袋子里的锥子，其锋芒会露出来的。但是你来到我这里整整三年了，没有听你的同僚夸过你，你也没有得到过我的表扬，我想主要还是先生没什么本事吧。这次前往楚国的人，是要有真本事的。所以，你还是不要去了。"

毛遂镇静地说："我之所以没有显露出才华，是因为我今天才请求你把我装在布袋子里。要是我早在布袋子里的话，我的锋芒早就露出来了，甚至会穿破布袋子，全部露出来。我之所以一直默默无闻，只是因为我缺少一个机会，今天有这个机会，希望先生能让我陪同你去。"

平原君想了想，同意了毛遂的请求，让他和另外19个人一起随着自己

前往楚国。

到了楚国之后，任凭平原君一行说得口干舌燥，楚王就是不表态，关键时刻，毛遂站了出来，以三寸不烂之舌，说得楚王和楚国的谋士们个个点头称是。

很快，楚国联合别的国家一起来围攻秦军，秦军只好撤退了。

毛遂在关键时刻，勇敢地站出来，为自己争取了机会。如果这时候他谦虚一下，或者是自卑一下，这个机会很快就被别人抢走了。那么，故事或许是另外一个结果。事实上，在你的周围，能力和你相当，甚至超过你的人大有人在。如果你抓住了机会，及时地展现了你的才华和能力，赢得了别人的喜欢，或许就为自己赢得了一个机会。

展现你的才华，才能更容易吸引对方，当别人对你产生浓厚兴趣的时候，你的气场也会得到最大限度的呈现。可以这么说，你的起伏成落，往往就在一瞬间，这时候，如果你唯唯诺诺，不敢表现，那么你在交往中便会处于绝对的劣势地位，只能被别人牵着鼻子走。

当然，要想展现自己，也得有才华和能力才行。如果你没有多大的本事，没有多大的能耐，却一个劲儿地卖弄，那就无异于小丑一般，让人取笑。除此之外，展现才华和能力时还要看场合和时机。在最适合的时间和地点，适当地展现自己，才能更好地引起别人的注意，吸引别人的兴趣。

在生活中这样的例子非常多。说起赵本山的小品《不差钱》，想必大家都不陌生。当赵本山扮演的爷爷将自己的孙女推荐给贵人的时候，餐厅服务员小沈阳却发现了这是个机会，于是死死地抓住不放，愣是获得了贵人的青睐。尽管这是一个主题为花钱吃饭的小品，但是也从侧面展现了这样一个问题：老天对谁都是公平的，不管你现在是服务员，还是某个大领导的小外孙，只要你有才能，敢于抓住机会，让贵人多了解你的本事和才华，从而获得他们的青睐，那么事业有成就变得简单多了。

所以，不要有什么顾虑，要大胆地展现自己的才华，千万不可听从长辈们所说的要谦虚，要礼让。当然并不是说不要谦虚，而是说在关键时刻，一定要敢于展现你的才华和能力，从而让别人打心眼儿里喜欢你、欣赏你。事实上，这时候你已经在彼此之间的交往中占据了绝对的主动地位。

第9章 懂心理无声语言，妙用心理暗示达成你的交际目的

在人与人的交往当中，适当的肢体语言的表达，甚至比语言表达更准确。因为人的语言或许会有假，但是人的身体是不会说谎的。所以，在人际交往中，身体语言更能传达真实的内心情感。一个善意的微笑，一个亲切的眼神，讲话时的语气语调、举止态度乃至服饰，都能准确地反映人物内心的真实情感。因此，在交流中适当地运用身体去表达你的意愿，影响别人，给别人留下好印象，从而在交往中占据主动地位。

用眼神与他人有效地沟通

眼睛是心灵的窗户，彼此的眼神交流是真正沟通的基础。对方在想什么，可以通过他的眼睛看得清清楚楚。事实上，一个人的眼睛所传递的信息是最准确的，同时也是最有价值的。这也就是为什么人与人在交流的时候，需要眼神的接触。因此，在与人相处的时候，也要学会读懂对方的双眸，洞悉对方真实的内心世界，以便和他人有效地沟通。

段伊在这次工作考试中，如愿以偿地考上了高中老师，后来她被分配到了弘强中学。弘强中学高三（8）班是出了名的头疼班，在校的老师们都不愿意带。段伊初来乍到，不了解实际情况，便接受了学校的这个安排，事实上她完全可以拒绝。

由于是第一次上讲台，段伊多少有些紧张，但是当她满怀信心地站在讲台上开始讲课的时候，心里顿时凉了半截。原来，一上课，同学们便开始各干各的事情了，有看小说的，有交头接耳聊天的，有睡觉的。段伊好几次都停止讲课，提醒同学们认真听讲，但是没有一点儿效果。

段伊望着同学们，内心非常地纠结。第一次上课就这样，以后的课还怎么上下去呢？这样一个班，她该如何带好呢？越想心里越没底。正当她灰心失望的时候，突然发现坐在第一排的一个女生正在微笑着看着她。尽管这个女生的注意力似乎也没在课堂上，但是那一次眼神碰撞，让段伊看到了一丝希望。

段伊的心里顿时平静了很多，她认认真真地把课讲完了。

第二次上课的时候，段伊叫那位女生起来回答问题，其间她了解了女生叫艾鸿，学习成绩很差。从那以后，段伊总是很关注艾鸿，在学习上给了她很大的帮助，渐渐地，艾鸿的成绩突飞猛进，迅速地挤到了班级的前

五名。

同学们都觉得段老师非常照顾艾鸿，有的说艾鸿是段老师的亲戚，有的说段老师背地里收了艾鸿的礼物。事实上，段伊之所以这么帮助艾鸿，是因为她给自己留下的第一感觉非常好。就是那次不经意间流露出的一个眼神，让段伊对艾鸿产生了好感。

案例中的段伊，在第一次面对陌生的同学们的时候，非常孤独。在这种情况下，她需要别人的支持和肯定。而艾鸿在这个时候，给了她一个关注的眼神，让段伊顿时觉得自己并不孤独。因此，她对艾鸿产生了好感，并在此后的学习中给了艾鸿很大的帮助。由此可见，在和陌生人的接触中，要想获得对方的信任，在关键时刻一定要给对方一个关注的眼神，从而赢得对方的好感。那么，究竟如何用一个眼神来获得对方的好感呢?

1. 寻找对方的眼神所在

要想让对方捕捉到你的眼神，给别人留下好感，首先你得让对方发现你。那么，你就要寻找对方的眼神所在，然后跟对方有个眼神的碰撞。因此，在人际交往当中，如果对方没有刻意地寻找眼神，寻找支持，那么你就要多关注对方的眼神所在，为和对方的眼神碰撞创造机会。当然不能直勾勾地盯着对方的眼睛看，这样很不礼貌，也会让对方不舒服。

2. 眼神碰撞时点头肯定

你和对方的眼神碰撞了，只能说明你对他所说的话感兴趣，并不能说明你一定肯定他、认可他。所以，要想让对方对你产生好感并记住你，光和对方进行眼神碰撞是不够的，还要及时地点点头，把你的肯定和认可传达出来。否则，对方看到你的眼神后没有什么感觉，你的眼神就起不到任何作用。

3. 眼神中流露出一些希望

眼神能传情达意，但是，有的人的眼神看上去没有任何情绪和心思，完全是无意中碰到了。这样的眼神，在生活中不知道要碰到多少，所以，别人自然也不会注意到你，更不会对你产生好感。因此，在用眼神捕捉对方的心时，不妨在眼神中融入一些希望的情感，让对方感受到你真的对他很感兴趣。

4.眼睛睁大眉毛轻上扬

当一个人看到自己感兴趣的东西时，眼睛会睁大，眉毛会轻轻地上扬。在给予对方一个眼神的时候，也要睁大眼睛，眉毛轻轻上扬，让对方感受到你对他很感兴趣，对他说的话或者做的事很感兴趣。这在一定程度上弥补了眼神的单调，会让别人更容易对你产生好感，继而记住你。

笑容的功效令你意想不到

在生活中，很多时候，我们接触的都是陌生人，因为陌生，所以戒备心理很强。在你无法确定对方对你是否友善之前，总是小心谨慎，这种谨慎表现出来就是冷漠。当你冷漠地面对你身边的陌生人时，你得到的同样是冷漠。

相反，只要你微微一笑，那么彼此之间的感觉立刻就会发生变化。你的微笑传达了你的友善，别人会认为你想要积极地打破这种冷漠，会觉得你内心很阳光，见到自己很开心。这样，别人也会给你微笑，并因此而刻意留意你。这样，你就在无形之中俘获了对方的心。笑容的功效令你意想不到。

这年春节，佳倩跟所有的外地人一样，着急往家里赶。可是，原先买好的车票在检票的时候被拒绝了，原来她买了假票。看着周围的人匆匆地奔向了列车，佳倩的心里甭提有多难受了。

她坐在候车室的椅子上，有些不知所措。就在这个时候，她一转头，发现坐在旁边的一个中年男人正在不停地打量自己，二人眼神相撞，中年男人有些不好意思。尽管佳倩心里非常郁闷，但她还是露出了一个甜甜的微笑，点了点头。

得到了佳倩这个甜蜜的微笑后，中年男人的心开始松弛下来，他转过身来问："看你的神情有些不对，遇到什么事了吗？"

佳倩依然微笑着说："没事，谢谢你的关心。"

中年男人用疑惑的眼神看着佳倩说："真的没事？你别误会，我不是坏人，我就是看你神情有些恍惚，猜你可能遇到什么麻烦事了。如果你信

得过我的话，不妨说出来，看我能不能帮助你。”

佳倩迟疑了几秒钟，然后说：“我买的回家的车票，竟然是假票，看来今年回家的愿望又不能实现了。哎！”说着，重重地叹了口气。

中年男人听了，关切地问道：“碰到这种事情也确实够倒霉的，白花了钱不说，还耽误了时间。”

佳倩摇着头笑了笑说：“这事还就让我摊上了，没辙。”

就这样，两人你一言我一语地聊了起来。尽管那天佳倩心情不好，但是和这位男士聊过之后，她的心情好了很多。后来，他们成为了好朋友。

在回想起第一次相遇时，中年男人笑着说：“当时，一开始我不敢和你说话，但是正是你的那一个微笑，让我觉得你很友善，见到我很开心。事实上，那一天我也不开心，正想找个人说话呢。你的微笑深深地吸引了我。”

案例中的佳倩，在买了假票不能回家的情况下，尽管心情很难受，但面对一个陌生人，她依然给予了一个甜甜的微笑，就因为这样，她打消了陌生男人的芥蒂心理，从而两人顺畅地沟通起来，最终两人成了朋友。试想，如果当时她面对他人的打量，不予理睬或者只是冷漠地看一眼，那么，这一段友谊便不会开始。

由此可见，微笑的力量是不可估量的，尤其是在与陌生人的交往中，只要你放弃冷漠，学会微笑，你的朋友便会越来越多。

当然，在微笑的过程中，以下几点是需要我们注意的。

1. 真心微笑，避免生硬做作

如果你是个与人为善的人，在日常生活中已经习惯了对人微笑，那么，你的微笑就是自然的、真心的。如果你为了达到某种目的而假装微笑，那么，你不要天真地以为你的微笑也会收到效果，因为对方不是傻子，他能发觉你的笑容是假装的，此时，他还会真心接纳你吗？

2. 注意目光的辅助作用

你传达的笑容是有对象的，因此，你不要以为，只要你微笑，对方就能感受到。因为虽然人的表情可以伪装，但人的眼神不可以，你连看都不看对方一眼，怎么能让对方感受到你的真诚呢？因此，微笑时，千万要记住与对方进行眼神碰撞，这样才能让人接受你的友善。

3. 微笑的时候，要不断地点头

点头表明你正在倾听对方、肯定对方，在微笑时配以点头的动作，就是一种真诚友善的传达。

4. 面对陌生人，笑也有度

在生活中，面对熟人，我们可能会肆无忌惮地笑，这是一种放松自己、给他人带来快乐的方式，而面对陌生人，我们笑的尺度不能过大，否则，会让别人觉得你不懂礼貌，不尊重他。因为初次见面，彼此之间的微笑传达的是友善，如果笑的尺度过大，那么很显然是不合适的。

小小手势能够加强表达的效果

人与人之间的交流除了口头语言外，肢体动作也一样可以传情达意。甚至有些时候，肢体语言传递的情感和信息是口头语言无法企及的。比如，拥抱给人温暖，拍拍肩膀给人安慰等。之所以如此，是因为肢体语言在一定程度上能迅速地跨越心灵的鸿沟。

尤其是与陌生人进行沟通和交流时，双方因为不熟悉，所以戒备心理很强，你在举手投足间往往能给别人传递不同的信息。事实上，别人也正是从你的肢体语言来判断你是友善的，还是敌对的。尤其是一些手势，能把人们内心的爱恨情仇表达得淋漓尽致。

小王和小李都是名牌大学的高材生，刚刚大学毕业，就应聘到公司来做技术顾问。

尽管他们是同一时间来的公司，可是三个月之后，小王跟公司的员工打成了一片，混得特别熟，而小李却仍然是孤家寡人一个。同事们很少主动跟小李交谈，而小王身边总有三三两两的人，他们有什么活动也会主动叫上小王，这让小李羡慕不已。

原来，小王在和同事们聊天的时候，两只手是交叉相握的，在发表自己的想法和意见的时候，会打开双手并且手心朝上。相比之下，小李在跟同事们说话的时候，总是背着两只手，在倾听别人说话的时候，还时不时

地将两只胳膊抱在胸前，一副容不下任何人的模样。

当小李把自己内心的烦恼告诉小王的时候，小王笑着说：“大家之所以不喜欢你，是因为你在和大家交谈的时候，用错了一些肢体语言，让大家误会了你。”

小李一脸的无辜。小王接着说：“比如，你和别人交谈的时候，老是背着手。你知道这个动作代表什么意思吗？”

小李摇了摇头。

小王说：“你想想，摆这个动作的会是什么人呢？一般只有领导或者是长辈才会在晚辈面前摆这个动作，而你和大家都是同事，你这样背着手，无疑抬高了自己的位置。”

小李很无辜地说：“不会吧，我没有这个意思啊！”

小王说：“你是没有这个意思，但是别人却不这么认为。还有你老把两只胳膊抱在胸前，你明白吗？这意味着拒绝、挑衅和不服气。你没弄明白肢体语言的意义就乱摆谱，难怪大家不喜欢你。”

案例中的小王在与人接触的时候，很注意用手势来传达友善和包容，尽管他言语上并没有说什么，但是别人却感觉到了这份真诚，因此和他交好。相反，小李由于不注意这些细节，结果因为自己的一些错误手势，拒别人于千里之外。由此可见，在人际交往当中，手势起着意想不到的效果和作用，完全可以弥补口头语言的不足，甚至可以代替口头语言来传情达意。那么，在人际交往当中，如何用手势来表达自己，以达到无声胜有声的效果呢？

1. 双手摊开，表达你的诚实可靠

我们发现，那些准备向他人敞开心扉的人，都有个标志性动作，那就是将双手摊开，这一举止往往是无意识的，它伴随着一个人的内心真实想法而无意识地出现。因此，如果我们能认识到这一动作的含义，那么，在与人交往的过程中，就要有意识地将自己的双手摊开，以表示自己的真诚，否则，藏起你的双手，则表明你在撒谎。

2. 十指尖相触呈尖塔状以表达自信

我们发现，那些在交谈时表现得落落大方的人，喜欢摆这种姿态，这

是一种自信的表现，更是一种心理暗示：我很优秀。很明显，人们都喜欢与自信的人交往，因此，在与人相处当中，要想让自己更加自信，或者是想要赢得别人的信任时，不妨将十指尖相触呈尖塔状。

3. 竖起大拇指来表达赞美和欣赏

通常，我们由衷地欣赏和佩服一个人的时候，往往会开口赞美对方，同时还会竖起大拇指。因此，竖起大拇指表达的意思是“你真棒！”“你真了不起。”在与人交谈的时候，时不时地竖起大拇指来表达你的钦佩之情，通常会让对方惊喜不已。你的一个竖起大拇指的动作往往要比口头的赞美更有效果。

4. 双手十指不要轻易互相交叉

有些人觉得在说话的时候两只手没处可放，于是不经意间相互交叉起来。殊不知，双手交叉意味着你身体前构筑了一道防御线，事实上表达的是想要隐藏自己的意思，别人会觉得你说的话是假的，因而对你产生怀疑。可见，在与人交谈的时候，双手十指不要轻易互相交叉，以免被别人误解。

双腿的姿势能够体现你的权威感

如果你足够仔细的话，就会发现，生活中的很多人，在和他们相处的时候，你往往会不知不觉地顺从对方，事实上，这是因为他们有很强的气场，能很好地控制别人的心理。除了语言表达之外，肢体语言在一定程度上也能增强气场。尤其是双腿，它们能展现你的不可逾越的权威，暗示对方顺从你，这种影响往往能让你在人际交往中占尽先机。

权威感意味着别人将向你看齐，受你的支配，被你主导；意味着你的价值观和决定将被别人所接受，别人会被你驾驭和驱使，这在人际交往当中起着很重要的作用。是否能获得权威感直接决定着人际关系的成败，尤其在与陌生人交往时更为重要。

小王是某化肥厂的一名销售员，平时工作非常细心认真，因此业绩一直很不错。

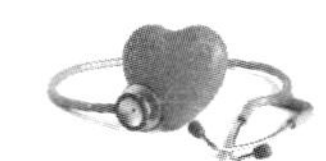

最近，经理让他和一个特别难缠的客户商谈合作事宜。小王花了整整三天的时间，才完整地搜集了这个客户的资料，同时向拜访过这位客户的其他几位销售员请教，尽可能多地了解这个客户。

这天一大早，他就来到了客户的办公室门口。不一会儿，一个40岁左右的中年男人迈着八字步走了过来，小王见了，认定他就是那个难缠的客户，于是恭敬地问道："早上好！"客户望了小王一眼，就转身进了办公室并关上了门。

小王赶紧敲门，好大一会儿，门打开了，客户不耐烦地问："有什么事情啊？"

小王说："我是化肥厂的业务员，想和您商谈一下合作的事宜。"

客户说："我们没什么可合作的，我也没时间。"

小王说："我就需要5分钟的时间，5分钟之后我立即走人。您看行吗？"

客户犹豫了一下，然后把小王让进了办公室。

客户转身坐到了办公椅上，小王熟练地作了介绍，很快，客户就对合作有了兴趣。但是，平日谈判能力很强的小王却不知不觉地被客户的强大气场给牢牢控制住了。眼看着公司的利益就要受到严重损害，小王借着上厕所的时间缓了口气，当他回想刚刚面谈的细节时，突然发现了问题所在。原来，是客户在不知不觉中将一条腿骑跨在椅子的扶手上了。

于是，他走上前去，故意弯着腰跟客户握手，客户便很快站了起来。当他们再次入座的时候，客户之前的姿势完全没有了。于是，小王开始不断地增加谈判的筹码，渐渐地控制了客户的心理，掌握了谈判的主动权。结果自然是小王如愿以偿了。

案例中的客户在和小王说话时，不知不觉地把一条腿骑跨在椅子的扶手上，这是一种强势的心态，他这样坐着，会让前来商谈的业务员感觉到地位上的不平等，从而压力倍增。业务员要是不采取相应的措施，而是一味地毕恭毕敬，最后肯定会吃大亏。由此可见，腿的姿势不同，在别人的面前展现的心理也是完全不一样的。那么，如何通过腿的姿势来体现你的权威感呢？

1. 站立时两腿呈“八字”形

有的人站立的时候两脚并拢，而有的人站立的时候两脚分开。两脚并拢表现出你很精神，但是也循规蹈矩，没什么魄力。相反，如果你两脚分开而立，则让人感觉你有胆量，敢作敢为，能控制局势。而且，在与人相处的过程中，两腿分开，呈“八字”形，会让别人感觉你很自信，很强势，能在短时间内体现出你的权威感。

2. 入座后两腿交叉相翘

往往很多男人入座之后，总喜欢跷二郎腿。事实上，这并不是习惯，而是男人为了在气势上占先机而故意摆的姿势。跷二郎腿能展现出自信和高傲，以及对他人的不屑一顾等，因而也很好地展现了权威感，从而暗示别人顺从你。要想展现你的权威感，不妨在入座的时候大方地跷二郎腿。

3. 骑跨在椅子扶手上

很多人在与人交流的时候，非常热情，但是坐下之后，他们会逐渐将一条腿骑跨在椅子的扶手上，这在无形之中展现了自己的权威感，从而对对方形成了控制之势。事实上，把一条腿骑在椅子的扶手上，只是想借椅子来增加自己的支配和控制的欲望，同时还借椅子背来保护自己，可以说是能攻能守。因而，要想在别人面前展现你的权威感，不妨在入座的时候将一条腿骑跨在椅子的扶手上。

手臂的动作能够表现主导与自信

在人与人的交往当中，适当的肢体语言能辅助语言的表达，因为人的语言或许会有假，但是人的身体是不会说谎的。所以，在人际交往中，身体语言能传达出真实的内心情感。尤其是手臂的一些动作能让表达更加明确，更加自信，甚至比语言表达得更准确。所以，一定要多注意手势的表达，让你的表达因为有了手臂的动作而更加完美，从而给别人留下更好的印象，使别人更加喜欢你、欣赏你。

王亮和张凯都是某大学电子系大二的学生。他们都对国学非常感兴

趣，所以经常抽时间去听课。国学教授是个50岁出头的学者，他非常喜欢别的院系的学生前来听课，并且在课间经常辅导他们。

这天，王亮和张凯又去听课了。当老师谈到足球发展的时候，提出了这样一个问题：既然足球最早发源于中国，那么为什么中国的足球却这么惨淡呢？老师首先叫起王亮来回答。王亮非常深刻地谈了自己的想法和看法。在表达的时候，他总是伸开胳膊，伸开双手，显得非常开放。尽管他的一些观点有些不合适，但是得到了老师的表扬。

几分钟之后，老师又叫起了张凯。张凯的回答更加精彩，可是老师并没有表扬他。下课之后，老师找到了张凯，对他说："你对我讲的内容有质疑吗？"张凯感到莫名其妙，说道："没有啊，老师，我很喜欢您讲的课。"老师接着问："那么，你是对我本人有看法了？"张凯更是丈二和尚摸不着头脑，说："没有的事情啊。老师，您为什么这么说呢？"

老师不解地说："那是为什么呢？你总是在我上课的时候把胳膊交叉，抱在胸前。我很疑惑，因为你不是一次两次这样了，而是很多次了。如果你对我的课有质疑，你可以提出来，我们一起探讨学习。如果你对我这个人有意见，也可以提出来，我一定及时改正。"

张凯不好意思地说："没有啊。不好意思啊，老师，我一定接受您的批评。"

老师点点头说："本来我不想找你谈，但是在课堂上，你的回答非常精彩。你很有天赋，而且也很好学，所以我才来找你，希望能和你沟通好，这样对你今后的学习大有帮助。"

张凯说："谢谢您，老师，我一定不辜负您的厚望。"

张凯在听课的时候，手臂的动作表达不正确，将双臂抱在一起，结果引起了老师的误会，因为这个动作表达的是挑衅和对抗的意思。相反，王亮总是伸开胳膊，伸开双手，结果赢得了老师的欣赏和表扬，因为他的动作表现了包容和开放。可见，手臂的动作不同，表达的意思也会完全不一样。要想让别人喜欢你，就要让你手臂的动作表现出你的主导和自信。那么，究竟如何才能做到这一点呢？

1. 伸开双臂来表达你的自信和开放

通常情况下，一个人在表达自己的时候，往往会伸开双臂，双手手心向上，这样会让别人相信他能够很真诚地接受别人的批评，也能够包容别人的不同意见和观点；当然，也在一定程度上表达了自信和开放。因此，在表达的时候，不妨伸开双臂，伸开双手并且手心向上，把你的自信和开放展现在别人面前，这样才能赢得别人的欣赏和喜欢。

2. 双手相扣放在身前表示坦诚认真

当一个人态度认真并且很坦诚地倾听别人的意见时，往往会将双手相扣放在身体的前面。因此，在倾听的时候不妨把你的双手相扣放在身体前，这样，可以让别人看到你的坦诚和认真，从而展现你的自信和主导，这样才能赢得别人的欣赏和认可，在双方交往的过程中占尽先机。

3. 右手握拳举高表达做事情的决心

在影视作品中，我们常常看到很多人为了表达自己强烈的做某件事情的决心，往往高举右臂，紧握右拳。可见，当一个人高举手臂、紧握右拳的时候，往往表达出强烈的愿望。因此，在与人相处的时候，不妨用这种方式来表达你的决心，让你的强烈自信影响每一个人，从而给别人留下好印象。

4. 高举并摇动右臂表达问好和打招呼

很多影视明星和粉丝见面的时候，总是举起右臂向别人打招呼。可见，举起右臂并不断摇动有向别人打招呼和问好的意思。事实上，这在一定程度上也表现出了自信和主导。因此，我们在与人相处的时候，要利用好高举右臂这个动作，把你的问好之意传达出去，从而赢得别人的好感。

适时点头让对方更有意愿多说

通常情况下，点头表示的是同意。在倾听别人的时候，点头自然是给予对方肯定和认可，是在向别人传达这样一个意思：你说得很对，我很同意你的说法，我很欣赏你，请继续。这就在无形之中告诉表达之人，你所说的话是有价值的，这样可以激发对方的表达欲，同时也增强了对方的信

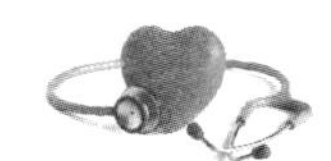

心，让他继续呈现一个完美的表达。

每个人在内心都渴望得到别人的认可和肯定，因为这样才能证明自己是有价值的，自己并不孤独。在与人沟通的时候，尤其在倾听时，要时不时地点点头，及时地和对方进行互动，把你的鼓励和肯定传达给对方，从而赢得对方的好感，为彼此的交往奠定基础。

王瑜和刘淇是大学同班同学，两人关系非常要好。可是在校期间，王瑜得到了学校的重用，当上了学生会主席，而刘淇也很努力，但是最终却被学校领导拒之门外。按理说，两人性格都很开朗，刘淇的社交能力更强。可是为什么王瑜更受欢迎呢？归根结底，是刘淇不懂得倾听。

有一次，王瑜和刘淇一起去找系主任办事，刚好事情也不是很急，系主任就和他们聊了起来。当谈到了家庭和孩子的时候，系主任滔滔不绝地说起了自己的妻子和儿子。

在这个过程中，刘淇一会儿看着天花板，一会儿看着窗外边的云彩，很显然，他对系主任的家庭琐事不感兴趣。相反，王瑜时不时地和系主任进行目光交流，有时候点头微笑，从而和系主任有了一种很好的交流。

几分钟之后，系主任停止了讲述，但是明显还没有尽兴。他说："你们说，我是不是一个好父亲啊？"王瑜笑着点点头说："当然是了，为了孩子，三天没顾得上吃顿饱饭，能不是好父亲吗！"刘淇则表现得莫名其妙，他说："啊？"

系主任脸上的笑容慢慢地僵住了。这时候，多亏了王瑜提问道："主任，您的孩子今年考上重点了吗？"系主任笑着说："考上了，考了个全年级第一呢。"

……

不久后，学校在各院系选拔学生会主席，刚好系主任负责本系代表的选派，在一大堆名单中，系主任挑出了王瑜的名字，报给了学校。最后，王瑜当上了学校学生会主席。而刘淇则被压在了一大堆名单当中，从此销声匿迹了。

案例里的刘淇因为不懂得倾听，结果给系主任留下了不好的印象。相反，王瑜则通过认真的倾听和不断的点头，从而激发了系主任的表达欲望

和热情，给系主任留下了好印象，最终当上了学生会主席。由此可见，在倾听他人讲话的时候，要不断地点头，给予别人认可和肯定，让对方觉得你喜欢听他说话，进而他才会更愿意多说。事实上，这样更能赢得他人的好感。

那么，究竟如何点头才能让对方更愿意表达呢？其中要注意哪些问题和细节呢？

1. 点头时要跟对方进行目光交流

一般情况下，彼此之间在进行交流的时候，目光要互相接触，这样才能让彼此判断，对方是否在真心和自己交谈。因此，在点头表达认可的时候，也要和对方进行目光碰触，告诉对方，你在很认真地听他讲话。当然，要注意一点，目光碰触并不是让你盯着对方看；否则，别人会觉得你在质疑他，从而他就会不愿意多说话。

2. 在别人表达完整后再点头肯定

当别人在表达的时候，要适当地点头以表示认可，在这个过程中，一定要把握好时间。一般情况下，当对方的表达完整时，或者是表达了主观的态度和情感时，要及时地点头给予认可。在别人表达的过程当中，千万不要随便点头，以免给别人留下不尊重他人的感觉。同时，如果对方没有表达情感和态度，那么一般不宜点头。

3. 点头的频率要把握得恰到好处

通常，我们在点头表达肯定的时候，频率是一下，或者是两下，最多三下。这根据对方表达的情感程度以及倾听者的认可程度不同而不尽相同。表达者的情感越激烈，说明越渴望得到认可和肯定，相应地，点头的频率就要多一些，相反则少一些。同样，认可的程度大，点头的频率也要多，相反，要少一些。切忌不停地点头。

4. 点头的同时适当说些认同的话

在用点头来表达对他人的认可和肯定的时候，要适当地说一些认同的话，以辅助点头来表达对他人的认可和肯定。比如，“还真是这样的。”“真不错！”等。这样会让你的认可更为对方所喜欢；反过来，对方也会更加喜欢你。当然，这些认同的话不宜太长，否则就把对方的谈话权剥夺了。

第10章 懂心理适时变通，遇事不慌不乱巧妙化解

常言道：“穷则变，变则通。”在生活中，有的人一辈子都碌碌无为，有的人却能够左右逢源、游刃有余，这是为什么呢？原因就在于“变通”，善于变通的人，即便是遭遇棘手之事，他们也能从容不迫地处理。

临危不乱，遇事巧变通

在生活中，处世一定要“圆”。“圆”是指能伸能屈巧变通，尤其是遇到棘手之事，不要慌乱，而要以圆融为主。一个人若是太规矩，太方正，有棱有角，难免会撞得头破血流；而那些懂得变通的人，定是八面玲珑，这样一来，无论是做人还是做事都会事半功倍。当然，我们主张做人不应该过于圆滑，而应该保持方外有圆，圆中有方，外圆内方。只要保持这样的规律，自己就会成为一个灵敏通融的人，从而当我们在处理各种事情的时候，就会灵活应变，能伸能屈，适时改变策略。在生活中，若是遇到了棘手之事，需记住：万事急不得。越着急，就越有可能办砸事情。而且，如果你只想用一种方法来解决棘手之事，那成功的概率是很小的。毕竟，棘手的事情所考验的是一个人的随机应变能力，如果你总是保持原有的方法，不着眼事情的变化，那极有可能会使事情朝着相反的方向发展。

王先生是一家公司的经理，下班后经常做一些投资活动。前不久，他以极低的价格购买了位于郊区的不毛之地，家人、朋友纷纷指责他：“这地连草都不长，你买来有什么用？还花了那么多钱。”王先生本来打算根据现有的城市规划去出售这块地，没想到，城市规划有变，那块地看来真的成了无用之地。当时，王先生可是拿出了大部分积蓄，如今可谓是血本无归了。事情变得十分棘手，但王先生并不慌乱，而是沉着冷静地应付。

突然有一天，王先生灵机一动，他找到当地政府部门，说：“我有一块儿地皮，我愿意无偿捐献给政府，但是我是一个教育救国论者，因此，这块儿地只能建一所大学。”政府如获至宝，当即就同意了这一要求。

于是，王先生将三分之二的地捐给了政府。不久，一所大学矗立在那里。然后他在剩下的三分之一的地上修建了学生公寓、餐厅、商场、酒

吧、电影院等，形成了商业一条街。没过多久，王先生买地皮亏损的钱也被赚回来了。

王先生是一个懂得随机应变的人，因此，他的投资活动得到了很好的回报。本来，他打算根据城市规划去开发那块儿地，没想到，城市规划有了变化，那块儿地几乎不值钱了。之前所设想的计划出现了变化，使得投资这件事变得异常困难，不过，王先生并没有泄气，也没有着急慌张，而是适时应变，使得一件坏事变成了好事。因此，当我们面对棘手之事时，不要着急，需适时应变，灵巧变通。

有一次，胡雪岩从上海押运洋枪去浙江。本来，在上海购买的这批洋枪需要松江漕帮的协助才能被运到浙江。可是，胡雪岩到了松江，才知道事情突然之间变得很棘手。原来，松江魏老头子的好友俞武成已经和太平军赖汉英联系上了，只要这批洋枪从海上起运，就动手截留，而魏老头子也答应会帮助他们。

胡雪岩到松江拜访了魏老头子，听闻此事，心中颇为不安。他心想：如果俞武成不是他的朋友，事情就好办了。如果这批洋枪不是落到太平军的手里，事情也好办。现在两种假设都不成立，事情确实很棘手啊！魏老头子了解了胡雪岩的难处后，打算断了与俞武成的交情，帮助胡雪岩渡过这一难关，阻止俞武成动手。可胡雪岩却觉得这样办事不太妥当，这时，他灵光一现，心中想出了一个妙计。

于是，胡雪岩去拜见了俞武成的娘——俞三婆婆。没想到，这俞三婆婆却是一个厉害角色，她故意装聋作哑，不想帮胡雪岩这个忙。胡雪岩缓缓说道："我也是不希望松江漕帮为难，也不想让魏老爷为难，再说了，如果我请兵护运，又怕与俞武成发生冲突，那样就伤了和气了。"俞三婆婆到底是老江湖，她听出，如果俞武成不肯让步，而胡雪岩请兵护运洋枪，那么俞武成的行为则成了抢劫军械，这可是要灭门的啊！知晓了其中的利害关系，俞三婆婆赶快找人将俞武成找回来。

不过，事情却并不像想象中那样简单，有了俞三婆婆的出面，还是难以给俞武成台阶下。俞武成本想考虑下面兄弟的生计，所以才急谋生路，萌发了抢劫军械的念头，如今，母亲已出面，自己该如何向兄弟们交代

呢？对此，胡雪岩与俞武成达成了协议，由胡雪岩报清官府，发给这批人三月粮饷，保证不诱降，事后，胡雪岩还拿出一万两银子来犒劳俞武成下面的兄弟们。

本来，胡雪岩押运军械去浙江，却没想到在松江“大水冲了龙王庙”，两边都有说不开的关系，这怎么办才好呢？懂得变通的胡雪岩没有着急，他不想伤了彼此的和气，而是尽可能地让每个人都满意。为了达到这样的目的，他想了一个比较妥当的办法：请俞武成的母亲出面规劝，自己再拿银两犒劳他们。这样一来，既不会让魏老头子为难，同时，还给了俞武成这只恶虎一个台阶下，万事皆完美。

人的一生不可能一直都一帆风顺，道路是曲折坎坷的，在前进的道路上有困难，也有挫折，这时就需要我们用各种方法克服它们，这样它们才不会成为自己成功的绊脚石。在这个过程中，我们要多运用“灵活变通”的智慧，做到遇事不慌张。

未雨绸缪，行动之前做多手准备

在生活中，凡事都不能碰运气，而应该想好了再能动手，这就是所谓的未雨绸缪，也就是让我们在做事之前先想好多条出路。诸如做生意，每一次运作都会有一定的风险，大胆投资一桩生意，最终所带来的是血本无归还是丰厚的利润呢？当结果还没出来的时候，我们是难以预料的，直至最后才能见分晓。不过，当我们在做投资或运作的时候，能够事先做好周密的策划，分清具体的形势，预料到会出现的问题，并适时想好应对的策略，那么就不会出现太大的问题。一个善于未雨绸缪的人，无论是做大事还是做小事，都会周密思考，为此做好充分的准备。在生活中，我们更需要多花一些时间来完善好硬件设施，这样在后面的日子里，事情才会发展顺利。如果在做一件事情之前，我们就已经想好了部署，想到了那些预料中的情况，那么等真正去做的时候，胜算的概率就会大很多。

一只野狼卧在草地上勤奋地磨牙，狐狸看到了，就对它说：“天气这

么好，大家都在休息娱乐，你也加入我们的队伍吧！”野狼没有说话，继续磨牙，把它的牙齿磨得又尖又利。狐狸奇怪地问道：“现在森林这么安静，猎人和猎狗都已经回家了，老虎也不在近处徘徊，又没有任何危险，你何必那么用劲儿地磨牙呢？”

野狼停下来回答说：“我磨牙并不是为了娱乐，你想想，如果有一天我被猎人或者老虎追逐，那么到那时，我想磨牙也来不及了，而如果平时我就把牙磨好，那么到那时就可以保护自己了。”

在生活中，我们要想做好一件事情，就必须事先分析情势，学会未雨绸缪。一个人要想有所建树，就必须时刻胆大心细，在做任何一件事情之前都必须提醒自己，要三思而后行，想好了再动手。

太平运动纷纷而起，杭州被团团围住，胡雪岩得知自己的朋友率杭州军民坐孤城，直至粮草殆尽，断粮长达一个月之久。当时，城内没有食物，就将药材南货，诸如熟地、黄精、枣栗、海茎等都用来充饥。到后来，只能吃糖、吃皮箱、吃草根树皮，甚至最后到了尸肉充饥的地步。

为了筹备粮食，胡雪岩冒死出城，到上海买了一船救命的粮食，运到了杭州城外的锢江面，但所有进城的通道都被断绝，粮食无法运进城内，只能远远相望。过了几天，陪同胡雪岩一起到杭州送粮的萧家骥打算进城送个消息，顺便看看是否有可行的办法将粮食运进城里，胡雪岩同意了萧家骥的决定。在出发之前，胡雪岩问道：“你怎样到达对岸？如何进城？在途中若是遇到了敌人该怎么办？”然而，对于这些至关重要的问题，萧家骥却连想都没想，脱口说道：“在这种情况下，只能见机行事，碰碰运气了。”胡雪岩回答道：“这时候做事，不能碰运气，要想好再动手。”

原来，胡雪岩有自己的想法：在这危急时刻，绝不能碰运气，历尽千辛万苦才买回来的救命粮食已经被运到了城外，绝不能无果而返。既然决定冒险进城，就一定要有一个好的结果。城外对城内的情况一概不知，而城外有重兵把守，如果不小心被抓住了，肯定会给予重罚，搞不好还会被杀头，而在城中，没有一个人认识萧家骥，又不能写一个能证明其身份的文书、信函之类的东西带在身边，进城去有可能还会被当成奸细。这样想来，就应该细细预料进城途中可能会遇到的情况，未雨绸缪，才能求得一

个好的结果。

在胡雪岩看来，萧家骥此次进城，事关杭州百姓的安危，需要三思而后行。毕竟，许多事情之间都存在着千丝万缕的联系，一时的疏忽有可能会造成整件事情的失败，所谓“牵一发而动全身”，其产生的连锁反应将影响整件事情，最后导致事情全面崩溃。胡雪岩正是明白这样的道理，所以，在出发之前，才会细问萧家骥到底是如何打算的，以便未雨绸缪，才能保证事情万无一失。

其实，为人处世的心机之一就是未雨绸缪，居安思危，防患于未然。只有做足了准备，再去迎接挑战，我们才会有更大的胜算。即便事情有了突然的变化，我们也不至于手忙脚乱，而是从容不迫地根据事情变化的形势而变化，这就是变通的智慧。平日若是不做丝毫的准备，想要临时抱佛脚，那是根本行不通的。在生活中，很多人总是抱怨自己没有机会，实际上，在于他们没有做好迎接机会的准备，因为机会总是降临在那些有准备的人身上的。

帮对方打个圆场，令对方感激万分

在生活中，某些时候，我们身边的朋友或同事会陷入一个尴尬或难堪的局面，这时我们需要巧妙地打圆场，帮助对方脱离险境。所谓的“打圆场”，也就是从善意的角度出发，以特定的话语去缓和紧张气氛、调节人际关系的一种语言行为。有时候，人们常常因固执己见而彼此争论不休，因为一句不适当的话而冷场，或者因为突发状况而形成难堪情境，等等。各种原因都可能会造成僵持的局面，难以缓和的气氛也将横亘在交流双方之间，整个场面就如同冰山一般冷掉了。这时作为局外人就需要出来打圆场，适时地说几句话来打破僵局，化解尴尬的气氛，使交流得以正常地进行下去。实际上，这些尴尬的场景常常会在意料之外出现，这会让当事人遭遇尴尬或不快，甚至引发不必要的麻烦，轻则令人恼心，重则彼此在心里结下疙瘩。这时我们若是利用突发事件与语言之间的玄妙之处进行机智

的解答，那么就会使当事人转忧为喜，也会使整个紧张气氛得以缓解。

有个理发师傅带了个徒弟。徒弟学艺3个月后正式上岗。他给第一位顾客理完发，顾客照照镜子说："头发留得太长。"徒弟不语。师傅在一旁笑着解释："头发长使您显得含蓄，这叫藏而不露，很符合您的身份。"顾客听罢，高兴而去。

徒弟给第二位顾客理完发，顾客照照镜子说："头发留得太短。"徒弟不语。师傅笑着解释："头发短使您显得精神、朴实、厚道，让人感到亲切。"顾客听了，欣喜而去。

徒弟给第三位顾客理完发，顾客边交钱边嘟囔："剪个头发花这么长的时间。"徒弟无语。师傅马上笑着解释："为'首脑'多花点儿时间很有必要。您没听说：进门苍头秀士，出门白面书生！"顾客听罢，大笑而去。

徒弟给第四位顾客理完发，顾客边付款边埋怨："用的时间太短了，20分钟就完事了。"徒弟心中慌张，不知所措。师傅马上笑着抢答："如今，时间就是金钱，'顶上功夫'速战速决，为您赢得了时间，您何乐而不为？"顾客听了，欢笑告辞。

案例中，这位师傅可谓是能说会道，他机智灵活，巧妙地为徒弟"打圆场"，每次巧妙的变通，都能使徒弟摆脱尴尬的场合，同时也能让顾客转怨为喜，高兴而去。这个案例给了我们一个重要的启示：打圆场一定要善用吉言。"爱听吉言"几乎是人们共有的一种心理，在尴尬的场合，说上几句美好的话语，那会令所有人都心花怒放，最终冰释前嫌。

早上，公司举办了庆典活动，在这个活动中，有一项是主要领导讲话，也就是公司里最高领导王董事长讲话。

不料，真正等到王董事长讲话的时候，话筒出现了问题，只要董事长一开口，整个大厅就出现一阵刺耳的声音。董事长脸上有点儿难堪，没想到到了自己讲话就出现了这样的问题，多少觉得很扫兴，而且面对台下的听众也觉得很不好意思。董事长身边的秘书当然明白其中的道理，他三步并作两步走上台，重新调整了话筒，先试着喊"喂"，验证话筒没有问题了，但他并不急于把话筒递给董事长，而是拿着话筒说了几句话："看

来，咱们董事长太有威严了，连话筒到了他手里都得紧张一下子，一紧张就出现问题了，不过，现在它不紧张了，因为董事长在这里讲话，那是它的荣幸，下面，掌声有请王董事长讲话。”整个大厅爆发出雷鸣般的掌声，刚才出现的小插曲已经消失得无影无踪了，而王董事长在接过话筒的那一刻，对秘书投来了赞许的眼光。

在案例中，前面的人讲话时话筒还好好的，但到王董事长讲话的时候，话筒就出现了问题，虽然这并不是人为造成的难堪场景，但对于讲话者王董事长而言，多少还是有点儿尴尬。聪明的秘书趁机站了出来，他先是帮忙调整了话筒，然后说了几句妙语，就轻松为王董事长解了围。

在一些场合，有可能一个敏感的问题就会让整个场面僵掉，甚至妨碍正常交际的进行，这时候，我们就可以通过幽默解说将问题诙谐化，从而打破僵局，让交际得以顺利进行；有时候，朋友或同事可能在某些特定场合做出了不合时宜、不合情理的举动，这让旁人看起来很费解，从而导致整个局面的僵持，这时我们需要找一个角度或借口，强调对方行为的合理性，这样就能灵活打好圆场，缓解气氛。

遭遇恶意挑衅，淡然面对

为人处世，我们需要学习的首要秘诀就是——淡然。我们应该清楚，活在这个世界上，主要目标是为了实现自己的价值，更是为了心中坚定的信念。心中的信念以及目标都将决定着我们旗帜鲜明地独特地活着，这时难免会遭遇别人的挑衅。实际上，生活中每个人的思维和行为方式都是不一样的，总会有一些人对我们的言行不屑一顾，这都很正常，我们不应该为此生气，更不应该对其进行反击。如果我们做出反击的行为，就表示我们跟对方一样都有着无比狭窄的心胸。所以，不妨学会淡然一点，从容地面对他人的挑衅，因为在这个世界上，任何人都不可能赢得所有人的心，无论我们怎么努力，都不可能让所有人成为我们的朋友。对于我们的言行或成绩，总有一些人心怀嫉妒、不怀好意地看着我们，好像等着看我们出

丑。在这种情况下，我们的心境越发需要变得淡然，既然他并不是我们的知己朋友，那他的挑衅对我们而言将是毫无意义的。

林肯当选总统的那一刻，很多参议员都感到十分尴尬，因为当时美国的参议员大部分都出身望族，他们自以为是上流社会的人，从没想过所面对的总统竟然是一个出身卑微的人，因为林肯的父亲是一个鞋匠。

当林肯站在讲台上的时候，一位态度傲慢的参议员站起来说："林肯先生，在你开始演讲之前，我希望你记住，你是一个鞋匠的儿子。"顿时，所有的参议员都笑了起来。这时，林肯不卑不亢地说："我非常感激你能使我想起我的父亲，他已经过世了，我一定会永远记住你的忠告，我永远是鞋匠的儿子。我知道我做总统永远无法像我父亲做鞋匠做得那么好。"所有的参议员陷入了沉默，这时，林肯对那位傲慢的参议员说："据我所知，我父亲以前也曾为你的家人做鞋子，如果你的鞋子不合脚，我可以帮你修改它，虽然我不是伟大的鞋匠，但是我从小就跟父亲学会了做鞋这门手艺。"

然后，他再一次扫视全场的参议员，说道："对参议院里的任何人都一样，如果你们穿的那双鞋子是我父亲做的，而它们需要修理或改善的话，我一定尽可能帮忙。但是有一件事是可以确定的，我无法像他那样伟大，他的手艺是无人能比的。"说到这里，他流下了眼泪，顿时，全场爆发出热烈的掌声。

对于参议员的挑衅，林肯选择了淡然待之，他只是道出了父亲的伟大，正是这一点，打动了在场的所有议员。来自别人的挑衅，并不意味着自己的价值毫不存在。别人看轻了自己，没有关系，只要自己看重自己就行了。如果别人肆意侮辱，而那些侮辱的言辞是毫无根据的，不要生气，你只需要对其采取置之不理的态度，淡然面对，这样才会越发体现出你超凡的人格魅力。

一位美国记者在采访周总理时，无意中看到总理桌子上有一支美国产的派克钢笔。那名记者便以讥讽的口吻问道："请问总理阁下，你们堂堂的中国人，为什么还要用我们美国产的钢笔呢?"周总理听后，风趣地说："谈起这支钢笔，说来话长，这是一位朝鲜朋友的抗美战利品，他将其作

为礼物赠送给了我。我无功受禄，就拒收。朝鲜朋友说，留下做个纪念吧。我觉得有意义，就留下了贵国的这支钢笔。”美国记者一听，顿时哑口无言。

美国记者的本意是想趁此机会挖苦周总理：你们中国人怎么连好一点的钢笔都生产不出，还需要从我们美国进口，并且，他很想从周总理的回答中找出“破绽”。但是，面对这样犀利的问题，随机应变的周总理却回答得很淡然，“朝鲜战场的战利品”，这样的回答不但没有让记者抓住“把柄”，反而使记者颜面尽失。

在生活中，我们难免会遭遇他人的挑衅，难听的话语、尖酸刻薄的语调，似乎都能点燃我们心中的怒火。但你若是转念一想，又何必生气呢？人生在世，更需要懂得变通，那些擅长攻击别人、挑衅别人的人，自然是心胸狭窄的小人，又何必跟这样的人一般见识呢？不妨淡然面对，对他人的挑衅一笑置之，这才是最好的反击，因为你已经不在乎了，那对方的挑衅还有什么攻击力呢？面对别人的肆意攻击，我们回应的方式并不只有“反击”这一种。我们应该学会变通，淡然处之，这才是处世的大智慧。

被质疑时，要选对时机再解释

通常情况下，人们强烈的自尊心将决定着其绝不容忍遭受别人的质疑。可当我们真的遭受别人的质疑时，该怎么办呢？或许会感觉受到了伤害，或许会陷入矛盾，到底自己的言行是对还是错呢？其实，产生这些心理都是很正常的，但我们最应该采取的方式是抓住合适的时机作出解释。对于一件事情，不是所有人说的都是对的，面对那些不同的看法，我们需要有分辨的智慧，有的质疑是一种考验，有的质疑是一种善意的提醒，而有的质疑则是不怀好意的。听到这些质疑的声音后，我们可能会不以为然，因为有些事情不需要争辩，也不需要别人的认同。这个世界的道路太多，纵横交错，我们有自己的方向，他人也有他人的方向，时间匆匆逝去，岁月会证明你是对的还是他是对的。

小泽征尔是世界著名的交响乐指挥家，在他还没有出名之前，他曾参加了一次世界优秀指挥家大赛。在决赛中，他按照评委会给出的乐谱指挥乐队演奏，在指挥过程中，小泽征尔敏锐地发现了不和谐的音符。刚开始，他以为是乐队的演奏出现了错误，于是，他停下来重新指挥，但是，演奏还是出现了不和谐的声音。他当即指出："我觉得乐谱有问题。"

这时，所有在场的作曲家和评委会的权威人士都坚定地说："乐谱绝对没有问题。"面对权威人士的质疑，小泽征尔涨红了脸，但还是斩钉截铁地大声说："不！一定是乐谱错了！"话音刚落，评委们就全部站了起来，对他报以热烈的掌声，祝贺他通过了决赛。原来，这不过是评委们精心设计的一个"圈套"，而小泽征尔却以坚定地认同自己的方式获得了最后的成功。

小泽征尔是幸运的，他的幸运在于，当自己遭受评委们质疑的时候，并没有退缩和犹豫，而是坚定地表示自己的看法是对的。果然，评委们的质疑并不是恶意的，而只是一种考验的方式。试想，如果小泽征尔当时不马上作出解释，而是听从评委们的观点，那他将有可能一辈子都沉寂在没有掌声的音乐中。

一位成功人士讲述了自己的故事：

在小学六年级的时候，我考试得了第一名，老师送给我一本世界地图，我十分高兴，回到家就开始翻看这本世界地图。然而，很不幸的是，那天正好轮到我为家人烧洗澡水，我一边烧水，一边在灶间看地图。突然，我看到了一张埃及的地图，原来埃及有金字塔、尼罗河、法老王，还有许多神秘的东西，心想：我长大一定要去埃及。我正看得入神的时候，爸爸走过来了，他大声对我说："你在干什么？"我说："我在看地图。"爸爸跑过来给了我两个耳光，然后说："赶快生火！看什么埃及地图！"然后，他又踢了我一脚，严肃地说："我给你保证，你这辈子绝不可能到那么遥远的地方！赶快生火！"

我呆住了，心想：爸爸怎么会给我这么奇怪的保证，真的吗？难道我这辈子真的不能去埃及吗？20年后，我第一次出国就去埃及，朋友们都问我："你到埃及去干什么？"我说："因为我的生命不要被保证。"我自

己跑到了埃及，当我坐在金字塔的最前面时，我买了张明信片写给爸爸：“亲爱的爸爸，我现在在埃及的金字塔前面给你写信，记得小时候，你打我两个耳光，踢我一脚，并且保证我这辈子不能到这么远的地方来。”

在这个故事中，小男孩对于爸爸对自己梦想的质疑，并没有马上作出解释，而是慢慢等待时机。一直等到自己能够实现儿时的梦想时，他才想起了爸爸曾经质疑的声音，并且以淡然的态度回应了爸爸当年质疑的声音：“亲爱的爸爸，我现在在埃及的金字塔前面给你写信，记得小时候，你打我两个耳光，踢我一脚，并且保证我这辈子不能到这么远的地方来。”这样的解释时间是合适的，毕竟没有人能为自己的梦想保证，当年的爸爸不能保证，小男孩更无法保证。只是，小男孩将爸爸质疑的声音当作了自己前进的动力，等到自己实现了梦想，这时即便不解释，那也证明了他是可以的，能行的。

在某些情况下，当你遭受质疑的时候，需要立即作出解释，如果不马上澄清自己的想法，那很有可能错过机会，你的想法也将永远无法展现在人们面前。但是，对于某些质疑的声音，我们不需要理会，而是耐心等待时机，等到自己可以证明的时候，稍作解释才是最合适的，或者可以说，那时已经无须解释，因为你最终的结果已经宣告了“你是对的”。

巧用自嘲打趣，化解各种尴尬

幽默一直被人们称为只有聪明人才能驾驭的一种语言艺术，而自嘲又被认为是幽默的最高境界。自嘲是缺乏自信者不敢使用的语言艺术，因为它要你自己骂自己，也就是要拿自身的失误、不足甚至生理缺陷来“开涮”，对丑处、羞处不予遮掩、躲避，反而把它放大甚至对其进行剖析，然后巧妙地引申发挥，自圆其说，最后博得一笑。由此可见，能自嘲的人必须是智者中的智者、高手中的高手。在生活中，当场面陷入尴尬的时候，若是用自嘲来化解窘境，不仅可以给自己找个台阶下，而且也很容易产生幽默的效果，从而就能轻轻松松地化解场面的窘迫气氛。当然，如果

我们想用自嘲的艺术，那就应该具备豁达、乐观、洒脱的心态，如果缺少这些特质，我们是没有办法运用自嘲的。比如，生活中那些自以为是、斤斤计较、尖酸刻薄的人是难以自嘲的，因为他们没有勇气拿自己开涮。当然，就语言表达方式来说，自嘲的语言艺术是最安全的，因为它伤害不了任何人，除了自己。

20世纪50年代初，美国总统杜鲁门会见十分傲慢的麦克阿瑟将军。会谈中，麦克阿瑟拿出烟斗，装上烟丝，把烟斗叼在嘴里。当他准备划燃火柴时，停下来对杜鲁门说："抽烟，你不会介意吧？"

显然，这不是在真心征求意见，因为在他已经做好抽烟准备的情况下，如果对方说介意，那就会显得粗鲁和霸道。这种缺少礼貌的傲慢言行使杜鲁门有些难堪。然而，他看了麦克阿瑟一眼，自嘲道："抽吧。将军，别人喷到我脸上的烟雾，要比喷在任何一个美国人脸上的烟雾都多。"

当你置身于难堪境地时，如果过分掩饰自己的失态，反而会弄巧成拙，使自己越发尴尬。相反，如果以漫不经心、自我解嘲的口吻说几句取悦于人的话，就可以活跃气氛、消除尴尬。由此可见，当令人难堪的事情已经发生后，巧妙地运用自嘲，能使你的自尊心通过自我排解的方式受到保护，同时，还能体现出你宽广的胸怀。

一个中秋佳节，乾隆皇帝在御花园召集群臣赏月。他一时兴起提出要与纪晓岚对句集联，以增雅兴。一向自恃才高八斗、文思敏捷的乾隆先出了上联：玉帝行兵，风刀雨剑云旗雷鼓天为阵。出完了上联，乾隆踌躇满志地望着纪晓岚，看他如何对下联。

纪晓岚沉思片刻，对出了下联：龙王设宴，日灯月烛山肴海酒地作盘。明眼人都能看出，纪晓岚的下联不但工整，而且气势宏大，和乾隆所出的上联相比简直是过犹不及。可是，乾隆听了下联后，脸色开始变了，一时间阴沉着脸。这时纪晓岚当然明白乾隆的心思，俗话说："伴君如伴虎。"一向好胜的乾隆，怎么容得下自己所出的下联呢？看来自己不该与其一比高低，弄不好还会引来杀身之祸。

面对这样的情况，纪晓岚心里也很着急，但他并非等闲之辈，只见

他灵机一动，巧舌如簧地说："主人贵为天子，故风雨雷电任凭驱策、傲视天下；微臣乃酒囊饭袋，故视日月山海都在筵席之中，不过肚大贪吃而已。"听到纪晓岚这一番话，乾隆刚刚消失的得意之色再次显露，笑着对纪晓岚说道："爱卿饭量虽好，如非学富五车之人，实不能有此大肚。"

在案例中，纪晓岚适度的自嘲不仅体现了一种良好的修养，同时还为自己化解了一场危机。这样的自嘲可以制造宽松和谐的交谈气氛，也可以让自己活得更轻松洒脱，让乾隆皇帝感受自己的幽默和风趣，同时，还可以有效地维护其面子，从而保持沟通双方的心理平衡。

有人说："无论你想笑别人什么，都不妨先笑你自己。"在生活中，自嘲简直可以说是治疗尴尬的一剂良药，当自己遭遇尴尬的时候，不妨拿自己开涮，因为这会让身边的人开怀大笑。其实，自嘲是心理成熟的一种标志，虽然你损失了面子，但却以真诚的人格魅力赢得了大家的青睐。自嘲最大的作用就是能够让沟通的场景变得轻松起来，处于这个场景中的人们不希望看到难堪局面的发生，因此，对于我们而言，自嘲不但给自己解了围，同时也娱乐了大家，替大家解了围。

第11章 懂心理拒绝要巧，否定他人又不伤人心

巧妙地拒绝是一门语言的艺术，更能直接体现出一个人的智慧。学会拒绝可以自我保护，也是一种豁达明智的心态，更是一种卓越的口才技巧。在生活中，每个人都不可避免地会遇到需要拒绝的人或事。面对他人提出的不合理、不合适的要求或者自己不愿意做的事情时，要善于说“不”，这虽然是对他人意愿或行为的一种否定，但却有效地达到了巧妙拒绝的目的，又使对方不至于产生不快的情绪。

不懂拒绝，只会让你陷入被动境地

虽然，我们总是被教育要学会与人分享，养成慷慨大方的品德，但是，任何事情都需要讲究一个“度”字。在人际交往中，如果我们总是担心伤害别人，不敢拒绝别人，那么这样的结果就有可能伤害自己，令自己事事处于被动地位。有可能你永远只是别人支配的对象，你永远只会听到“某某，给我拿份文件”“某某，给我倒杯茶”等话语，即便你内心不情愿，但只要你不懂得拒绝，那就只有咬牙坚持下去，直到把所有的事情都做完。当你还来不及松口气的时候，下一个你难以拒绝的请求就又出现了。长此以往，会让你整个工作和生活都陷入一种被动的状态，你只能等待着被要求去做什么，而你自己难以决定自己想做什么。不懂拒绝的人，虽然给人的外在形象是一个“老好人”，但有谁知道其内心的苦恼呢？也许，每天回家以后，他都会躲在卫生间里生气，甚至哭泣。但若是再到了别人向自己提出要求的时候，他却又不懂拒绝了。

在生活中，我们要懂得拒绝，并懂得在什么样的情况下说“不”。当对方的要求违背了我们做人的原则，甚至违反了道德和法律的时候，我们就应该拒绝，比如涉及贿赂、吸毒、打架等违法犯罪行为，如果这种情况下不懂得拒绝，被人左右，那么其实就是害人害己。其中，最常见的是别人的要求和自己的意愿或者计划相冲突，在自己不愿意的情况下，如果不懂得拒绝，那就是委屈了自己，让自己变得相当被动。最后，就是自己力所不及的情况，面对自己做不到的事情时，就应该懂得拒绝，而不是打肿脸充胖子。

小王是一个十分勤奋的年轻人，头脑聪明，乐于助人，刚刚进公司的时候，他就下定决心要从最基层做起，要成为所有人的好朋友。所以，公

司里的事情，属于分内的，他会努力做好，不属于分内的，只要有人喊他帮忙，他也会努力做好。慢慢地，他在同事们之间赢得了一个“热心肠”的绰号。

小王感到十分满意，但是过了一段时间后，他才发现：有些事情，同事原本是可以自己做的，但他们却总是让自己去帮忙，有些人的态度很随意，似乎吩咐自己是一件理所当然的事情，帮忙之后，连“谢谢”都懒得说。甚至有的人还将手头的工作交给自己去做，而他们竟然去做私活。

小王虽然心里不高兴，但又不好意思拒绝，更关键的是他不懂得拒绝，结果被那些事情弄得焦头烂额，整天忙得脚不沾地，工作非常被动，而且自己的工作还经常出现小错误。小王为此很烦恼：自己热心帮助同事有错吗？为什么会让自己变得这样被动呢？

案例中，小王热心帮助同事并没有错，错的是他来者不拒，不懂拒绝。在生活中，帮助别人是应该的，但帮助别人应该建立在把自己工作做好的基础上，如果你自己的工作还是一团糟，那你有什么能力去帮助别人呢？即便自己的工作已经做得很好了，面对他人提出的要求，也应该权衡一下，再决定是否帮忙。对于应该帮忙的，需要马上动手；对于不应该帮忙的，则要懂得拒绝，这样才不至于走到像案例中小王这样被动的地步。

我们都会有这样的感觉，对一个人说“是”很容易，说“不”却很困难，但是这个“不”字很重要。不会拒绝他人的人，似乎总活在别人的世界里，他们是难以有所成就的，甚至有可能会掉进别人精心设计的陷阱里。比如，贪官在落马之后总会说自己收钱不是受贿，而是“我这个人脸皮薄，人家一再坚持给，我就不好意思推辞”，也许他是在为自己的贪欲找借口，也有可能真的不懂得拒绝，但结果都是被动之下成为了罪人。

喜剧大师卓别林曾经说：“学会说‘不’吧！那你的生活将会美好得多。”在生活中，我们并不是有求必应的“好好先生”或者“好好小姐”。人们的要求是永无止境的，有的是合理的要求，有的却是悖理的要求。如果你不好意思说“不”，轻易承诺了自己无法兑现的诺言，那么势必会给自己带来更大的烦恼，同时也会让自己处于被动的境地。所以，学会拒绝，更需要掌握拒绝的技巧与秘诀。

拒绝的话要说得有情有义，才不会令对方心生怨恨

拒绝是一种艺术，既能巧妙地达到拒绝的目的，又不至于让对方心里产生不快的情绪，这才是高明的拒绝。通常而言，太过直白的拒绝往往是伤害人的，不仅会严重打击对方的积极性，而且还会令对方心生怨恨。拒绝，意味着否定了他人的意愿或行为，但如果太过直接，就会伤害对方的自尊心。在日常生活中，我们需要拒绝，但是更需要“不说让对方伤心的拒绝话”，艺术的拒绝方式不会让对方感受到伤害，反而会让对方理解你的处境。当别人对你有所求而你却办不到的时候，你不得不说“不”，当然，拒绝并不是以伤害他人为目的，而是以和为贵，尽可能在不影响两人关系的前提之下进行的。虽然拒绝会令人很难堪，但在不得已的时候还是会用到拒绝，事实上，只要你能够很好地运用拒绝的艺术，那么它最终带来的将不是尴尬而是和气。

张大千留有一把长胡子，在一次吃饭时，一位朋友以他的长胡子为由，连连不断地开玩笑，甚至消遣他。

可是，张大千不烦恼，反而不慌不忙地说：“我也奉献给诸位一个有关胡子的故事。刘备在关羽、张飞两弟亡故后，特意兴师伐吴为兄弟报仇。关羽之子关兴与张飞之子张苞报仇心切，争做先锋。为公平起见，刘备说：‘你们分别讲述父亲的战功，谁讲得越多，谁就当先锋。’张苞抢先发话说：‘先父喝断长板桥，夜战马超，智取瓦口，义释严颜。’关兴口吃，但也不甘落后，说：‘先父须长数尺，献帝当面称为美髯公，所以先锋一职理应归我。’这时，关公立于云端，听完忍不住大骂道：‘不肖子，为父当面斩颜良，诛文丑，过五关，斩六将，单刀赴会，这些光荣的战绩你都不讲，光讲你老子的一口胡子又有何用？’”

听完张大千所讲述的这个故事后，众人哑口，从此再也不扯胡子的事情了。

拒绝是一门艺术，它最忌直接，而拒绝的最高境界是让双方都不至于陷入尴尬的境地。朋友以张大千的胡子开玩笑，甚至有些过分，张大千

想制止对方，可是如果轻描淡写地说，恐怕对方会不以为然，如果声色俱厉，那么就会伤了朋友之间的和气。而张大千这样一说，就委婉地告诉了对方，你们拿我的胡子开玩笑，我已经忍了这么长时间了，再这样下去，我可就不高兴了。意思传达了，大家自然知趣，也就不再提这个话题了。

我们不建议使用直接的拒绝方式，比如，这两种拒绝方式："我不吃日本料理""附近还有其他特色餐厅吗？我不太习惯吃日本料理"。前一句更像是一句带着刺儿的话语插进对方心里，典型的自我中心践踏了别人的一番好意；而后一句则委婉地表达了自己的想法，别人会更容易接受。当我们说"不"的时候，态度必须是委婉而又坚定的，委婉地拒绝比直接说"不"更容易让人接受。比如，当同事提出的要求不符合公司部门规定的时候，你可以委婉地告诉对方你的权限，以表明自己真的是爱莫能助，如果耽误了工作，会为公司与自己带来不便。

巧用暗示，对方自会明白你的拒绝

在生活中，我们都不可避免地会遇到需要拒绝的人或事，面对别人提出的不合理、不合适的要求或者自己不愿意做的事情时，就需要我们说"不"。不过，拒绝的语言——"不"却是难以说出口的，这将预示着你对别人的意愿或行为进行一种否定，并在无形之中打击对方的自信心，甚至还会给别人带来莫大的伤害。那如何才能将"不"说出口，又能达到拒绝的目的呢？其实，我们可以通过语言来向对方暗示，通过语言暗示将拒绝的信息传递给对方，让对方自行领会你的拒绝之意。能够不着痕迹地将拒绝的话说出口，才是最高明的拒绝。在某些时候，一方面我们不得不拒绝，但另一方面我们却需要尽可能地不给对方带来伤害，也就是说，拒绝尽量在保全双方面子的前提下进行。实际上，一个人的心理是可以通过语言进行暗示的，当我们想要拒绝某个人的时候，不妨将这种心理通过语言传递给对方，从而有效地将拒绝的意味传递出去。

其实，诸如暗示之类的拒绝，在我们身边有很多例子。比如，一位

男青年被女播音员优美动听的声音所吸引，来信希望见一见播音员本人，对此，播音员在回信中说："这位听众朋友，首先，我了解你的心情，也感谢你的好意。你听过'知人知面不知心'这句格言吧，看来，交朋友最难的是交心。那么，还是让我们做知心朋友吧！"女播音员通过语言暗示"拒绝"，而且拒绝方式极其婉转，回应了男青年提出的无理要求。有时候面对下属提出的建议，上司不忍拒绝，只好委婉地暗示"这个想法不错，只是目前条件还没有成熟，我觉得你应该把工作重心放在现阶段的主要工作上"。身边的同事或朋友可能会向你打听一些绝密的事情，但原则问题要求你保密，这时，你不妨采用诱导性暗示，诱导对方进行自我否定。比如，你可以对他说："你能保密吗？"对方肯定回答："能。"然后你再说："你能，我也能。"

意大利音乐家罗西尼生于1972年2月29日，因为每4年才有一个闰年，所以等他过第18个生日的时候，他已经72岁了。在他过生日的前一天，一些朋友来告诉他，他们凑集了两万法郎，准备为他立一座纪念碑。他听了以后说："浪费钱财！把这笔钱给我，我自己站在那里就好了！"

罗西尼不同意朋友的做法，但他并没有正面拒绝，反而提出了一个不合理的想法，从而含蓄地指出朋友的做法太奢侈了，点明了这种做法的不合理性。拒绝是需要讲究技巧的，尤其是语言上的巧妙暗示，只有掌握了这些技巧，才会既不得罪人，又让别人欣然接受。

在拒绝的时候，我们需要考虑对方的面子，而幽默地拒绝恰好可以巧妙地体现这一点。用幽默的方式来拒绝对方，能够让对方在毫无准备的大笑中失望。比如，面对同事相约去钓鱼的要求，"妻管严"丈夫回答"其实我是个钓鱼迷，很想去钓鱼，可自从结婚以后，周末就经常被没收"，同事哈哈大笑，也就不再勉强他了。

有一天，萧伯纳收到了著名舞蹈家邓肯的求爱信，她在情信中写道："如果我们结合，有一个孩子，有着和你一样的脑袋，和我一样的身姿，那该多美妙啊！"萧伯纳看完信后，很委婉又很幽默地回了一封信，他在信中说："依我看那个孩子的命运不一定会那么好，假如他有我这样的身体、你那样的脑袋岂不糟糕了吗？"

邓肯收到信后，明白了萧伯纳的拒绝之意，她失望地离开了，但她一点儿也不恨萧伯纳，反而成了他最忠实的读者和好朋友。

拒绝的话一向不好说出口，说得不好很容易扫了对方面子，或者让自己陷入尴尬情境之中。所以，我们在拒绝他人时，需要讲究策略，最关键的一点就是用语言暗示出自己的拒绝心理。

语言暗示，也就是不明说，而用含蓄的语言使人领会。在日常交际中的一些场合，拒绝的话不便于直说，那么这时就可以利用言语暗示来传递一些信息，暗示所采取的方式可以是含蓄的语言，但只要对方能够明白你所表达的意思，那就达到了目的。实际上，通过暗示拒绝比直言快语更能凸显出表达效果，因为它所表现出来的婉转曲折，总能给人带来愉快的心情。

善用“拖延时间”法拒绝小人

在生活中，有时候我们明知道所拒绝的对象是小人，但却无可奈何，我们只能以拖延时间来拒绝，而不宜采用激烈的直接拒绝法。虽然，我们内心对小人深恶痛绝，恨不得与之划清界限，远远避开，但是，对于那些死缠烂打的小人而言，一味地躲避并不是明智之举，与其发生激烈的争执，更是下下之策。小人的心胸本来就比较狭窄，他们的心眼更是让人猜不透，如果你直接或者以不屑的态度拒绝其要求，那么估计就在那一刻，他就已经将你划分为敌人，并将你列为自己的报复对象。众所周知，小人的手段是变化多端的，他们不仅懂得隐藏自己，而且善于使手段、耍心眼，因而他们向上发展的机会是有的，而且有可能会成为高级领导身边的红人。纵观历史，诸如魏忠贤一类的小人，都曾有过名利双收的时候。试想，如果你曾拒绝过的小人，有朝一日爬到了你的头上，那你将是被他打击的第一个对象。所以，对于那些死缠烂打的小人，我们不能直接拒绝，更不能与之产生矛盾，而应该以时间作为拖延理由来拒绝。

拒绝小人，最智慧的方式就是拖延时间。如果你马上拒绝，定会得罪

他，小人本身就是无孔不入、驱之不去、阴魂不散、破坏正常人际交往的受人鄙视的团体，如果你得罪了这样的人，应该会料到将为自己带来什么样的后果。一般而言，小人都是独来独往不合群的，因为他们的所作所为使得他们在人际交往中处处碰壁。没有谁会认同他们，更没有人愿意与他们交朋友，他们甚至成了“过街的老鼠——人人喊打”。他们自然明白自己的处境，于是他们对谁都充满着敌意。在这种情况下，我们更应该小心翼翼，与之“打打太极”，以时间为借口，诸如“下次，下次我一定会好好考虑的”“最近有点儿忙，下次吧”，这样慢慢拖延，实际上也是在尽量缓和与小人之间的关系。

唐朝的时候，有一个人叫卢杞，跟郭子仪同朝。卢杞还不得志时，郭子仪就已经出将入相，很是风光了。他对所有的公卿大臣都很随便，唯独对卢杞礼数周到。若遇卢杞来访，他会让家人全撤到后面，自己整整齐齐穿了朝服，迎接卢杞。接待中，他也表现得谦恭有礼。家里人十分不解，一个芝麻大的小官，郭子仪为何要如此礼遇？为什么不拒绝接见他呢？

听了家里人的疑虑，郭子仪说：“这人心术不正但很聪明，又会巴结，迟早有得意之日。我现在只是敷衍他，以时间拖延他，若是现在得罪了他，他定会怀恨在心，伺机报复我的。宁可得罪君子，也不可得罪小人啊！”

果然，卢杞后来官至宰相，朝廷中凡是曾触犯过或拒绝过他的官员，都被他想方设法地报复了。郭子仪不曾得罪他，最终得以自保。

在案例中，郭子仪对待小人卢杞的态度很值得我们借鉴。虽然，他不曾与这样的小人相勾结，但他也不愿意得罪这样的小人，他深知这种心术不正却又很聪明的人，一旦得势了，那自己将会成为他报复的对象。既然他要与自己来往，自己也不好拒绝，那就以时间作为拖延，逐渐与之周旋，以缓和小人的心境。果然，卢杞后来在朝中为官时，那些过去拒绝过他的官员，都被他想方设法地报复了。唯独郭子仪，因为他只是用拖延时间的方式拒绝了卢杞，所以得以自保。

有句话叫作“宁可得罪君子，不可得罪小人”，因为小人的言行举止是不受道德规范约束的，他们做事情是不讲游戏规则的。即便是君子也

不愿意与小人斗，更别说我们了。习惯于死缠烂打的小人从来不讲信用，不重承诺，也不按游戏规则出牌，他们为了达到目标往往不惜采取一切手段。所以，我们在与小人相处的时候，不能掉以轻心，哪怕是对方所提出的要求，我们也不要直言拒绝，而应该表现出自己应有的“尊重”，然后尽量以时间拖延，让小人慢慢接受被拒绝的过程，这样对他而言，会轻松很多，而且，他也不会对拒绝自己的一方产生怨恨。

适时“抬高”他人，令对方不好再请求

有时候，我们用“抬高”他人的方式也可以达到巧妙拒绝对方的目的。通常情况下，一个人被拒绝后，心里会产生落差，他会觉得自己的言语或行为遭受了否定，甚至会有一种被遗弃的感觉。在这时，他急需一种愉悦的情绪进行弥补，以填补内心的落差，如果你在拒绝对方之时，再说几句赞美的话语，那将是非常完美的。在这个世界上，每个人都渴望得到他人的赞同与认可，即便自己的某些要求被否决了，但自己的另一些方面受到了别人的赞美，那何尝不是遭受拒绝之后的一种补偿呢？在生活中，虽然我们都知道拒绝是一种应该的行为，但同时我们都害怕拒绝别人，也害怕被人拒绝，无论是处于哪一方，都将遭受消极情绪的折磨。在这种情况下，为什么不变换一种方式拒绝呢？就像一个本来平常无奇的三明治，突然中间多了许多美味的蔬菜，那该是多么大的惊喜。所以，平时，我们要善于用抬高他人的方式来拒绝别人。

早上，熬了一个通宵的王女士还没起床，就被一阵敲门声吵醒了。她很不耐烦地爬起来，胡乱穿了一件睡衣就开了门，只见门外站着一个十七八岁的女孩子，正犹豫着要不要继续敲门呢。王女士上下打量了对方一番，发现这个女孩子穿着随意的T恤和牛仔裤，手提一个袋子，袋子上印有“某某化妆品”的字样，一看这架势，应该是上门促销的。

王女士有些不耐烦：“大清早的，怎么就上门推销东西了？”那女孩子态度很谦和：“不好意思，姐姐，打扰你了，我是某某公司……”女孩

子谦逊的态度，让王女士不好拒绝，但是她平时最讨厌这种上门推销的业务员。她一边听那女孩子介绍产品，一边开始考虑到底该怎么拒绝。

不一会儿，那女孩子就介绍完产品了，然后试探性问："姐姐，你平时用化妆品吗？"果然，马上就转到正题了，王女士摇摇头说："我白天晚上都很忙，哪里有时间去护肤呢？不过，说实在的，我可是很羡慕像你这样年纪的女孩子，皮肤好，身材好，那可是我做梦都想回去的年纪，可惜已经回不去了。"女孩子害羞得红了脸，说道："其实，姐姐看起来也很年轻的。"王女士笑了笑，说道："像你这样大的女孩子就是好，我的女儿也是你这般年纪，现在正在上大学，青春真是无限好，如果我女儿在家就好了，估计她会对你的化妆品感兴趣，可是怎么办呢？现在我的女儿不在家，像我这样的老太婆，已经用不着了，下次我女儿回来了，一定欢迎你上门推销，好吗？"没想到这样一说，那女孩子一点儿也不泄气，反而很有礼貌地说："不好意思，姐姐，打扰你了，再见！"说完，就告辞了。

在案例中，王女士想拒绝上门推销化妆品的女孩子，但看着对方谦和的态度，又不忍心拒绝，怎样拒绝才不至于让对方难以接受呢？她打量了那个女孩子一番以后，发现对方跟自己女儿差不多，于是，她先是赞赏了对方值得羡慕的年纪，这样的"抬高"立即给对方带来了好心情，然后再适时拒绝，这样的方式令对方很容易就接受了。

"抬高"，其实就是赞美，或者说夸赞，无形之中将别人的地位抬高，让他有一种优越感。而正是"抬高"所导致对方产生的优越感，会有效地弥补其遭受拒绝之后的心理落差。人总是这样，当他重新拾回了一个苹果，那么即便他已经丢失了一个橘子，但他内心也还是非常愉悦的，他们总是着眼于自己眼前的东西，对于那些丢失的或者得不到的东西，他们总是容易满足的。因此，当我们不得不对他人所提出的要求进行拒绝的时候，即便这样的拒绝对于他人来说是难以接受的，但若是适时说几句好话，那定会给对方带来意想不到的惊喜。

拒绝他人后，给对方一个“台阶”下

人活在这个世界上，总会遇到这样一些情况：自己的同窗好友或者同事，相处的时间长了，就会找自己帮忙。如果自己可以做到，那么应该尽全力去做；假如对方所提出的某些要求过分了，自己办不到，或者说不是个人能力所及的，那就需要拒绝别人，而不是硬撑，以免导致糟糕的结果。生活中总是有很多人在处理诸如此类问题时感到很困惑，不知道该怎么办，明明知道自己办不好这些事情，但又害怕因此而伤害了彼此之间的友谊，而硬是答应下来。那么，如何才能在拒绝时不伤害对方呢？最有效的办法就是给对方一个台阶下，以此维护好对方的面子。所以，我们在说“不”之前，要让对方了解你之所以拒绝的苦衷和歉意，拒绝的语言要诚恳，语气要温和。当对方向你提出要求的时候，他们心中通常也会有些困扰或担忧，所以，你在拒绝之前应该先倾听。只有对方把需要与处境讲得清楚一些，你才知道自己该如何帮他，而且，倾听能让对方有被尊重的感觉。当你婉转地拒绝时，也能避免伤害对方。

其实，拒绝时给对方一个台阶下，也就是我们需要找个好的拒绝理由。通常我们在拒绝时都会阐述一些理由，而这些理由应是充分而合理的，否则对方会感觉你不真诚。所以，在拒绝对方之前，需要给自己找好理由。一方面，如果没有好的理由就拒绝，那么一定会表现出“支支吾吾”的状态；另一方面，若是随便找理由拒绝，不足以让对方理解，那么最终有可能会导致双方关系破裂。当然，在拒绝的过程中，拒绝对方要开诚布公，明确说出自己的理由。如果你在已经找好理由的情况下，还是采取模棱两可的说法，那么就会使对方摸不清你的真正意思，而产生一些不必要的误会，这很容易导致两人关系破裂。

“不论什么事情只要交给小安，我就放心了。”小安进入公司两年，这是领导经常挂在嘴边的一句话。刚开始小安很高兴，但时间一天天过去了，领导交给自己的工作任务越来越多，小安经常听到这样的吩咐：“小安，这个方案你负责一下”“小安，这个客户你去接待一下”“小安，这

个项目人手不够，你也参与进来”。

小安手里的事情每天都多得做不完，身边的同事却有时间发呆，薪水也并不比自己少。小安心想，也许自己再忍忍就会有升职加薪的机会。但是，每次到了升职加薪的时候，机会总是从小安眼前溜过，转眼就到了别人的口袋里。后来，小安从人事部的老同事嘴里得知，关于自己升职加薪的事情，中层主管会已经讨论过很多次了，但每次都被领导否决了，认为小安虽然业务能力不错，但管理能力不足，需要再锻炼锻炼。这时老同事说：“你想想，如果你升职了，他上哪儿去找这么任劳任怨的下属呢？”

小安觉得，自己一定要想办法拒绝领导了，可是，该如何拒绝呢？这天，领导又开始吩咐：“小安，下班后先别急着走，有一个案子还需要你负责一下。”小安脱口而出：“不好意思，领导，今天我妈妈从老家过来了，就是五点半的火车，我得去接一下，您也知道，老年人嘛，手脚不太方便，我可不放心她跟那些身强力壮的人在火车站拥挤，而且我妈妈也不认识路，我必须得去接她。”领导似乎很理解，挥挥手，说道：“行，那你早点儿回去吧，案子的事情我让别的同事负责。”

在案例中，小安找了一个老掉牙的理由——接人，虽然这也算是一个好“台阶”，暂时不会被领导看出来，但下次再接到领导“加班”的要求怎么办呢？如果领导意识到自己被下属欺骗了，那结果会更糟糕。对此，作为下属，在拒绝领导时，一定要找一个最恰当的理由，给领导一个更好的台阶下。

当然，给对方一个台阶下，其背后的意思是需要照顾其心理，也就是尽量在不伤害对方的前提下拒绝对方。所以，当我们拒绝的时候，不要只针对一个人，比如，面对推销员上门推销，你可以这样说：“我们公司已经与某某公司签订了长期供给合同，公司里规定不能用其他公司的原料，我也只能按规矩办事，”由于你以某某公司的名义拒绝，并不针对他这个人，所以他也不会埋怨你的，毕竟他自己也没受到多大的伤害。

第12章 懂心理化解矛盾，解开心结改善关系

在生活中，与人交往时难免会发生矛盾或冲突，这时我们需要巧用心机，化解人际危机，打消心结，并扭转关系，从而达到冰释前嫌的目的。对于已经出现的矛盾，不要拖延，而需要适时解除误会，或者通过间接的赞美、温情的关怀、善意的帮助和低调谦卑的态度等消除对方心中的疙瘩，并与之建立和谐融洽的人际关系。

产生矛盾后要及时化解

在生活中，矛盾或误会通常会带来各种消极的后果，所以没人会喜欢矛盾，也没人愿意被人误解或误解别人。不过，在人际交往中，不可避免地会产生一些矛盾和误会，对此，在矛盾产生以后，及时沟通是很重要的。俗话说："没有迈不过的坎儿，没有翻不过的火焰山。"但如果矛盾和误会不能及时地被消除，那就会人为地制造出不断增高的坎儿和扑不灭的火焰山。适时化开矛盾，消除误会，好处在于防止误会加深，继而转为不可调和的矛盾。一旦自己意识到有矛盾产生，就应该及时地与对方沟通，而不要想当然地认为对方自己也会明白这是一个误会。毕竟每个人的思维和行为方式是不一样的，你所思考的可能与别人所想的不一样。当然，所谓的及时消除误会，并不等于马上消除误会，而要给误会产生后的"发脾气"留有一定的时间和空间，以及对方自主思考的时间，然后再进行解释，那误会就能及时澄清了。

矛盾是不允许被拖延的，一旦被拖延了，那将有可能会使轻微的矛盾演变成不可调和的矛盾。就像一个人生病一样，有可能刚开始只是轻微的感冒，但如果长时间不去医院进行治疗的话，那病情就会加重，以至于有的人会高烧成肺炎，严重者将会给身体留下永远不可愈合的后遗症。当我们意识到与某人发生了矛盾后，那就更需要及时说明，坦白自己的想法和见解。如果自己在某方面有过错，也需要坦诚地致歉，并及时通过询问了解对方的想法，彼此尽量达成一致的意见，从而达到化解矛盾的目的。

小杨性格比较倔强，她是一个永远不服输的人。在大学时期，她与同班同学小晨玩得很不错，彼此都把对方当成了最好的朋友。

可就在大三下学期，小晨突然感到身体不适，到医院竟然诊断出得了“白血病”。作为朋友的小杨内心感触良多，她尽可能地帮助朋友，照顾朋友，用平时通过兼职辛苦挣来的钱给朋友小晨买各种营养品。小晨看着这些东西，也是感动得说不出来话。想到自己的病情，小晨心情忽好忽坏，有时甚至会对小杨说一些莫名其妙的话。

小杨这个人心思比较敏感，这天小晨莫名地说了一些话：“你不要来看我了！也不要对我这样好！我受不起！”小杨一气之下真的不愿搭理小晨了。那几天，小杨天天都在回忆自己顶着大太阳去医院看望小晨的情景，她觉得自己做得已经够好了，但小晨却这样说自己，委屈之下，她竟然哭了起来，擦干了眼泪之后，小杨觉得这样太不值得了，不要这个朋友也罢。

就这样，两人渐行渐远，都不愿意主动找对方说话。直至大学毕业，小晨病发又住医院了，在生病垂危的日子里，她想到了那位总是担心自己的好朋友。于是，她用颤抖的手指拨通了小杨的电话，用很微弱的声音说：“我知道你对我好，当时我只是情绪很差，我觉得拖累了你，所以才这样……”可话还没说完，小晨就已经永远停止了呼吸，只剩下小杨在电话那边无助地啜泣。

这个案例中，仅仅因为情绪差而说了一些让人误会的话，就使原本关系很好的两人之间产生了矛盾。而且，矛盾产生之后，两人都是互不理睬，也不及时消除矛盾，就这样，两人渐行渐远。直至小晨生命的最后一刻，她才醒悟过来，打了最后一个电话给朋友小杨，哪知刚解除这个误会，她就永远地闭上了眼睛。这段友谊以遗憾而告终。

在生活中，人们往往会因为一句话、一个神态、一个动作等而产生各种各样的误会，由于人们没有及时地消除误会，从而导致一些不可预想的后果：有可能让朋友之间慢慢疏远，甚至变成敌人；也有可能让两个相爱的人变成陌生人；更有甚者，还会导致家破人亡。

正所谓“忍一时风平浪静，退一步海阔天空”，因此，我们在生活中应该多一些宽容、豁达，少一些冲动、怀疑。对自己所造成的矛盾和误会要作出及时、合理的解释；而面对别人误会自己时，应适当地提点对方以

及时解除误会，避免误会加深，给双方造成不必要的伤害。

背后赞美，令关系迅速破冰

通常情况下，赞美往往是当面指出别人的长处和优点，但并不是完全如此。在很多时候，如果我们能巧借第三方进行“背后赞美”，在别人背后说其好话，就会取得更好的效果。更为关键的是，我们还能通过这样的赞美来化解对方心中的敌意。在生活中，对于那些与我们之间有矛盾或误会的人，如果我们当面赞美对方会觉得很别扭，同时对方也会觉得这样的赞美缺乏诚意，比较做作。在这种情况下，我们不妨采用间接赞美的方法，巧用第三人来对其进行赞美。背后赞美他人，这是各种赞美方式中最让人高兴的，因为这差不多算是意外之喜。如果在某一天，有人告诉你：某某在你背后说了许多关于你的好话。那此刻你的心里肯定是甜滋滋的。这些赞美的话语，如果是当面说给你听，可能会让你感觉虚假，甚至会怀疑其别有用心，而间接的赞美，则正好可以凸显赞美的效果。

其实，正因为间接赞美所凸显的效果，使得我们可以轻易地化解对方心中的敌意。在某些时候，误会是由我们自己所造成的，有可能在无意之中会给对方带来一些伤害，从而扩大了彼此之间的心灵间隙。在这时，如果我们当面说一些好话，或者企图通过当面赞美来化解对方心中的敌意，以及抚平给对方带来的伤害，那只会让对方觉得你虚假，缺乏真诚。间接赞美为什么会有那么大的效果呢？因为大多数人觉得，当面说的坏话不算坏话，背后说的好话才是好话，因此，人们更愿意相信背后所说的好话，会更欣赏那些在背后赞美自己的人。

以前，有一个脾气古怪的县令，每次发布新的政令后，他都要求下属当面称赞他。刚开始的时候，当下属当面赞美时，县令就非常高兴。但久而久之，县令觉得听来听去就是那几句赞美的话，也听腻了，心想：难道每次都需要你们那么做吗？可不可以来点儿新鲜的呢？

正好前几天，有个下属在与县令交谈之中，无意间说到了某些不该说的话，结果县令当场大怒，斥责了下属几句之后，就拂袖而去。这位下属心想：这下可糟了，怎么办呢？头脑机灵的他突然想到了县令喜欢听好话的习惯，他敏锐地察觉到县令已经厌倦了下属们说的好话。对此，他觉得自己应该来点儿“新鲜的”，让县令高兴高兴。

这天县令又发布了新的政令，这一次，那位头脑机灵的下属并没有像以前那样当面称赞县令，而是故意在一旁偷偷地跟同僚说：“凡是身居高位的人，大多喜欢别人的奉承，只有我们老爷不是这样，他一向对别人的称赞都不放在心里。”没过多久，县令就从下属们那里知道了这几句话，心里非常高兴，他早已忘记了之前的不快，马上唤来那个下属说：“好啊，知道我心里想的，还真只有你。”很快，这个头脑机灵的下属便受到了县令的重用。

其实，下属的那几句恭维话就是想说给那个县令听的。但是，这个下属并没有像其他同僚那样当面赞美县令，而是将这些话告诉第三个人，以和同僚在背后议论的方式，有意识地让县令听到耳朵里去，将县令捧得很高，从而达到了赞扬县令的目的，更关键的是，背后赞美也化解了之前自己与县令之间的误会。

最近，关系不错的小王和小李闹起了矛盾。小王总喜欢开玩笑，前些天，当着办公室所有同事的面，他和小李开玩笑开得过火了，小李当场就红了脸，气冲冲地摔门而去。从这以后，两个人都不再跟对方说话了，即便擦肩而过，彼此也视而不见。虽然小王内心比较内疚，但他也拉不下脸来主动与小李说话。

这天在办公室，小王在与同事聊天的时候，随意说了几句小李的好话：“小李这个人真不错，为人很仗义，我来公司一年多了，他在各方面对我的帮助都挺大的，能够有这样的朋友，真是我的幸运。”没过多久，这几句话就传到了小李的耳朵里，小李心中既欣慰又感动，就连那位同事，在向小李传达这几句话的时候，都忍不住夸赞一番：“小王这人真不错，心胸开阔，难得啊！”

这天下班后，小李在走廊遇到小王，竟意外地打招呼：“下班了？有

事吗？没事咱们去喝一杯。”就这样，两个朋友又和好了。

有时候，在背后说人家的好话比当面说更有效果，小王那看似随意的几句话却是有意策划的，从而轻松地化解了横亘在两人心中的障碍，双方自然也就冰释前嫌了。

其实，背后赞美比当面恭维的效果要好得多。如果当面赞美领导，有可能会被认为是拍马屁，同时，领导脸上也会挂不住，会觉得你的赞美不够真诚；那么，趁领导不在场的时候，赞美几句，总有一天，这话会传到领导耳朵里，那时他心里自然也会是美滋滋的，这样一来，你赞美他的目的就达到了。

温情关怀，令对方心中暖意融融

在与人相处的过程中，情是最能触动人心的，正所谓“欲晓之以理，必先动之以情”。如果矛盾是一座冰山，那温情与关怀就是融化冰山的烈火，温情的高温会逐渐融解彼此内心的冰冻，最终让矛盾消失得无影无踪。在生活中，我们常常因为这样或那样的原因与他人产生矛盾或误会，有可能是我们无意中伤害了对方，导致其心里对我们产生敌意，甚至是怨恨。在这种情况下，我们是难以融化对方内心的冰冻的，唯有通过温情关怀，才能打动对方的心。通常我们会见到这样的场面，一方百般客气谦逊，但另一方却难以所动，依然是一副冷漠的样子，这时作为主动方，应该将温情融入其中，一点点地加温，直至温度达到能够融化冰山的程度。最开始，对方有可能会对我们的行为不闻不问，但如果你能将这样的温情关怀坚持下去，时间长了，那纵然是铁石心肠的人也会被感动。

王大妈和李大妈是一个筒子楼的，是同住多年的邻居，关系还不错。但这种关系被今年夏天的一个声音划破了，“王大妈，你儿子被人打死了！”王大妈一听，大脑一片空白，顿时不知道对方到底在说什么。等她清醒过来，才知道原来自己的儿子与李大妈的儿子玩耍的时候，李大妈的

儿子不小心将自己的儿子推倒在地，结果自己儿子的头正好撞在一块儿砖头上。旁边的人马上报警，但无奈正中脑袋，自己的儿子送到医院后不治身亡。

王大妈听闻消息后，哭得死去活来，看着站在自己身边低着头的李大妈，她不知哪里来的力气，冲上去就揪住对方的头发，破口大骂："你赔我儿子的命来！我可怜的儿子啊，儿啊，你怎么就这样离去了……"旁边的人赶紧拉开两人，李大妈一脸愧疚，低声说："对不起，老王，我也不知道事情会变成这样，我也是当母亲的，我能理解你的心情。"王大妈一边哭一边大声喝道："你理解什么？你的儿子还好好地活着，可我的儿子呢？"说完，又忍不住大哭起来。

虽然李大妈一家赔偿了大笔的钱，而且儿子也被送进了管教所，但王大妈自此之后看到李大妈就又哭又闹，甚至还会动手打人。李大妈自知理亏，也就忍耐了下来。转眼到冬天了，王大妈一个人在家，老公去外地打工了，结果她三天两头就去李大妈家里闹一通。过了一阵子，突然有两天，李大妈没看到王大妈出门，也没见她去自己家里闹，李大妈有点担心，不会是出什么事情吧？

李大妈来到王大妈门前，轻轻一推门，竟然发现门是虚掩着的。她走进去，发现王大妈正虚弱地躺在床上，她一摸其额头，发现烫得吓人，原来发高烧了。李大妈赶紧拿来湿毛巾，将湿毛巾放在王大妈的额头上，又开始烧水给她烫脚，嘘寒问暖，将王大妈照顾得无微不至。过了两三天，王大妈完全康复了，她有些羞愧地拉着李大妈的手，哽咽着说道："谢谢你！大妹子！我经常到你们家里去闹，还经常骂你，但你却这样细心地照顾我，我真是羞愧难当啊！"李大妈眼里也有泪，她说："王大姐，咱们都是这么多年的街坊邻居了，我还不了解你的脾气吗？那些事情我从来没在意过，确实是我们家对不起你们。"两人说着说着，竟热络了起来。

案例中，因为温情和关怀，原来是死对头的两家竟然重新成为了友好的邻居，这就是情的力量。如果说之前王大妈对李大妈还有仇恨，其心中还有解不开的心结，但通过李大妈对自己的关心，她内心如冰山一样坚硬

的仇恨已经慢慢融化了，甚至散发出春天一样的气息。

一般而言，当两人产生了某种矛盾后，彼此都会产生一种防范心理，甚至不知不觉间形成一种隔阂。这时若想打动对方，与之重新建立融洽和谐的关系，就需要消除对方的防范心理。从潜意识来说，矛盾所引起的防范心理是一种自卫，也就是当人们把对方当作假想敌时产生的一种自卫心理。消除对方防范心理的最有效方法就是反复给予暗示，向对方表示自己是朋友而不是敌人。而这样的暗示可以采用各种方式来进行，比如，嘘寒问暖，给予关心，表示愿意提供帮助等。换言之，消除对方的防范心理，其实也就是达到以情动人的目的。

伸出援手，真诚地帮助以消除矛盾

人生不如意十之八九，在这个世界上，凡事不可能都顺顺当当、安安乐乐，总会遇到一些困难。有时候，我们身边的人会遭遇困难，那么我们应该抱以理解的心情。可是，如果是与我们有矛盾的某个人落魄了，那该如何办呢？可能有的人会伸出援手，拉对方一把；有的人会幸灾乐祸，隔岸观火。前者可以通过善意的帮助消除彼此之间的矛盾，与对方重修旧好；而后者却会将彼此之间的矛盾放大，甚至最终两人会成为势不两立的仇人。在生活中，我们都需要成为前者，因为这样会赢得更多的朋友，让我们的人生道路越走越宽；反之，若成为后者，那最后我们就只能钻进死胡同。

两个曾经非常要好的朋友一起出去旅行，但就在旅行前的几天里，他们为一点小事而闹了矛盾。在路途中，他们突然遇到一头大熊。其中一个人闪电般地抢先爬上了树，躲了起来，他本来也想拉自己的朋友上来，但想到前几天朋友对自己大吼大叫的样子，他犹豫了一会儿，还是放弃了。另一个人也想爬上树，但已经来不及了。眼见逃生无望，那人便灵机一动，马上躺倒在地上，紧紧地屏住呼吸装死，因为他以前听说过，熊是从来不吃死物的。果然，熊走到他跟前，用鼻子在他脸上嗅了嗅，转身就

走了。

躲在树上的人下来后，问熊在他耳边说了些什么。那人说："熊让我今后千万要注意，别和那些不能共患难的朋友在一起。"

英国诗人拜伦曾说："趋炎附势的人，不可与其共患难。"那位爬树的朋友在面对危机的时候，只顾自己的生命安危而丢下处于危险中的朋友，像他这样的人，永远不会得到真正的友谊。所以，在生活中，面对陷入困境中的朋友，尤其是与自己曾有过矛盾的朋友，更需要及时伸出援助之手，给予对方帮助，从而轻松化解横亘在彼此之间的障碍。

崔丽和冯娜是老乡，因为都嫁在了外省，两家住得又很近，所以两人经常待在一起，谈谈孩子、说说时尚、聊聊工作，慢慢地就成了一对亲密的朋友。崔丽的老公是做运输生意的，经常会跟车去外地洽谈业务，而崔丽就负责家里车子的运输流程。冯娜则在结婚之后就做起了全职太太，她老公自己开了个门市，生意还不错。

不过前阵子，冯娜因为打麻将总是输钱，忍不住咕哝了两句，然后跟崔丽说得不欢而散。自此，两人虽然偶尔会见面，但却不像以前那样要好。正巧就在这几天，崔丽的老公在外地出了交通事故，崔丽匆忙之下就赶了过去，看到医院里昏迷的老公，崔丽当即就昏倒了。为了给老公凑足医药费，崔丽把车子卖了，可还是差一点。这时，冯娜听说了崔丽的事情，当即从银行取出自己以前上班存的私房钱，又以自己的名义从朋友那里借了笔钱，一起给还在医院的崔丽送了过去。崔丽双手接过钱后，连声说"谢谢"。冯娜拍拍她的肩膀，微笑着看着她。有了这一笔费用，崔丽的老公很快就做了手术，并且保住了生命。

在医院外，崔丽紧紧地拥抱着冯娜，久久不松开。

冯娜在与自己有了疏离的朋友最困难的时候，并没有选择逃避，而是毫不犹豫地拿出自己的全部积蓄，最终帮助朋友度过了艰难的困境，重新赢回了朋友。试想，如果在崔丽落魄的时候，冯娜没有及时地伸出援助之手，那两人之间的友谊肯定会越来越淡漠，直至最后成为陌路人。

通常情况下，一个人在落魄的时候，他的内心也是异常脆弱的，他可能比平时更需要别人的安慰和帮助。在这时，如果你能出现，给予对方及

时的帮助，那么即便你们之间过去有矛盾，但你伸出援助之手的行为会让对方对你重新改观，甚至，仅仅因为这次的帮助，他就会将你划分到知心朋友那一列。助人为乐乃是人之根本，帮助了别人你会感到快乐，他也会对你心怀感激，更何况对于正处在困境之中的人，那无疑是雪中送炭，对方会更加感激你，在感激的同时，他之前对你的某种质疑或你们之间的某种矛盾也会随之消失。

低调谦卑的态度可以消除对方的不满

在生活中，那些低调谦卑的人总是更容易受到欢迎，因为他们给人毫无威胁之感，反而会有一种特别的亲和力。实际上，低调谦卑的态度是一种“以退为进”的策略，在那些对自己不满的人面前表现得格外谦逊，以此赢得对方的好感，消除其内心的不满，那么对方自然就能够认同自己了。反之，如果你做人做事太高调，处处想要表现自己，那么那些对你心生不满的人就会继续对你持敌对态度，而即便是那些陌生人，他们也会对你的行为产生厌恶之感。通常情况下，人们对于那些有着低调谦卑态度的人总是怀有一种莫名的好感，会觉得此人值得信任，因此在交往过程中，就会对其产生好感，甚至欣赏对方、认可对方。更何况在对自己不满的人面前，若是保持低调谦卑的态度，那表示一种尊重，更表示一种忍让，也会在不知不觉间将对方视为尊重的对象，那任何人都会感到愉悦，愿意接纳你的态度，更会接受你的诚意，从而消除对你的不满情绪。

小万大学毕业后应聘到一家公司，他性格有点内向，但无论是说话还是做事都谦和有度，彬彬有礼。而且，他经常大方地向同事承认“这个我不太懂，特向您请教一二”“做这个方案需要注意些什么问题呢，您先给我讲讲吧，以免我做错了”，如此承认自己的劣势，深得同事们的喜欢。但是，小万的直属领导却不怎么喜欢他，因为其直属领导学历并不高，他一向很嫉妒那些比自己学历高的人，因此对小万总是不屑一顾，不然就是

鸡蛋里面挑骨头。

小万自然知道其中的道理，因此，他尽量在领导面前保持更谦卑的姿态，有事没事总会请教领导这样或那样的问题。每每在这时，领导则会摆出架子，保持一种指导者的姿态。在这样的接触中，领导觉得小万还不错，至少他不像其他人那样骄横跋扈，他总是那样谦虚。

有一次，公司进行新一轮的人事变动，小万所在的部门也需要提携一个得力的助手。主管为了显示公平，决定通过提名和主动竞聘两种方式进行选拔。轮到小万发言了，只见他说："承蒙大家厚爱了，我觉得自己身上还有很多不足，担当不起这样的重任。"刚说完，领导就带头鼓起掌来。

在公司，小万以自己谦和有礼的态度赢得了领导的信赖。因为他肯在领导面前承认自己的劣势，这会让领导有一种优越感，即便领导之前对小万心生不满，但小万总是以低调谦卑的姿态示人，说话总是谦逊有礼，时不时向领导请教，这对领导而言是毫无威胁感的，渐渐地，领导内心的不满也就消失了。

学校召开新学期教研会议时，一些老教师的态度很倨傲，头发花白的李老师就发牢骚了："为什么老是安排我们老教师上普通班，年轻的老师上尖子班？你们是看不起我们吗？既然看不起我们就直接叫我们下岗算了，还留我们干吧？"坐在旁边的年轻老师沉默了，小王老师作为主任组织了这次会议，他也低下头，默默地听着。李老师继续倚老卖老："你们这些年轻人、小毛头，别看不起我们这些老家伙！别以为你们文凭高，什么重点大学研究生的！我们在讲台上吐的口水比你们多多了！二十年前我们就站在讲台上教书了！说说看，二十年前你是干什么的？""二十年前我还在读小学。"小王老师只能这么回答。

等李老师发完牢骚了，小王老师才说："领导这么安排我也只能这么做，不过以后在工作中有什么疑问，我们肯定会请教和遵循老前辈们的意见的。"就这样散会了。后来，小王老师在那些老教师面前，就像个什么都不懂的小学生一样，处处彬彬有礼地请教他们，而且无论做什么都请教老教师的意见。对于他们言语犀利的牢骚，小王老师从不反唇相讥，而是

始终保持一种低调谦卑的姿态。

久而久之，老教师们也没什么意见了。再后来，小王老师被调到更好的学校了。教研组的老教师们居然都舍不得他走，李老师还因以前的牢骚向他表达了歉意。新上任的主任恰巧也是个年轻的老师，见此就询问他该如何处理与资历深的老教师的关系。小王老师就说："用一个词语来行事，那就是低调谦卑。"

我们不难看出小王老师为人处世的智慧，通常那些资历高的老前辈总会对年轻的老师心生不满，甚至喜欢以狂妄的姿态教训人。在这种情况下，小王老师始终保持着低调谦虚的态度，不管对方的话语多么犀利，不管自己遭到了怎样的奚落，他总是低着头，像小学生一样。结果，正是这样的低调谦卑，最终消除了所有老前辈对他的不满情绪。

多给予认同，让对方打消反对意见

在生活中，每个人都渴望得到别人的认同，这会让其觉得原来自己并不是孤单的，还有人与自己有相同的见解和观点。认同，也就是能够体会对方的情绪和想法，理解对方的立场和感受，并站在对方的角度思考和处理问题的能力。尤其是当我们需要说服对方的时候，如果对方的意见与自己的意见是相悖的，那么不妨先给予对方认同，让其不再继续与你敌对，然后再表达出自己的观点和想法，以此求得别人的认同。通常在交际中产生的争执或矛盾，归根结底，其实都是因意见不同而导致的，当别人在表达自己内心想法的时候，如果我们直截了当地拒绝倾听，或者反对，就会更加激起对方证明自己想法正确性的欲望，从而，他会选择与你敌对，以此来彰显自己的意见。因此，对于那些与自己敌对的人，我们需要多给予认同，而不是反对。

保险员李小姐一进门便开门见山地说明来意："王先生，我这次是特地来请您和太太及孩子投人寿保险的。"可是，王先生却异常反感地说："保险是骗人的勾当！"李小姐并没有生气，而是微笑着问道："噢，我

这还是第一次听说，您能给我说说吗？”王先生说：“假如我和太太投保三千元，这三千元现在可买一部兼容电脑，而二十年后再领回的三千元，恐怕连电视机都买不了了。”李小姐又好奇地问：“这是为什么呢？”王先生很快就回答：“一旦通货膨胀，物价上涨，即会造成货币贬值，钱就不经花了。”通过这样的问话，李小姐对王先生内心的忧虑已基本了解。

李小姐首先维护王先生的立场：“您的见解有一定的道理。假如物价急剧上涨二十年，三千元不要说黑白电视机了，怕连两棵葱都买不了。”王先生听到这里，心里很高兴，但接着，精明的李小姐又给他解释了这几年物价改革的必要性及影响当前物价的各种因素，进一步分析了我国政府绝对不会允许旧社会那样的通货膨胀的事情发生的道理，并指出以王先生的才能和实力，收入可望大幅度增加。说也奇怪，经李小姐这么一说，王先生开始面带笑容，双方相谈甚欢。显而易见，李小姐最终获得了成功。

在上面这个案例中，李小姐在了解到客户的心理需求之后，并没有马上对其想法进行否定，而是先对王先生的想法进行认同，一下子就赢得了王先生的好感，然后聪明的李小姐再表达出自己的观点，这时王先生内心已经不再产生逆反情绪了，他完全同意李小姐的看法，就这样，李小姐成功地做成了这单生意。

卡耐基租用了某旅馆大礼堂讲课。一天，他突然接到通知，租金要提高三倍。卡耐基前去与经理交涉。他说：“我接到通知后，有点震惊，不过这不怪你。如果我是你，我也会这么做。因为你是旅馆的经理，你的职责是使旅馆尽可能赢利。”紧接着，卡耐基为他算了一笔账，将礼堂用于办舞会、晚会，当然会获大利。“但如果你撵走了我，也就等于撵走了成千上万有文化的中层管理人员，而他们光顾贵旅社，是你花再多的钱也买不到的活广告。那么，哪样对你更有利呢？”经理被他说服了。

在这里，卡耐基不断强调：“如果我是你，我也会这样做”，其实这就是对对方的言行进行认同，意思是“我也是站在你这个角度的”。一旦有人对自己的想法或行为表示了认同，那我们就会降低心理防备。聪明的

卡耐基正是看中了这一点，他先是认同了经理的看法，然后再表达出自己的见解，最后使经理心甘情愿地将情感的天平倾向了自己这一边。

实际上，在交际中，让对方认同自己的绝妙途径是先认同对方。如果你首先就对其想法和行为进行否定，或者拒绝倾听其说话，那对方那种逆反的心理就会涌现出来，从而他会故意与你敌对，自然也不愿意按照你的思维方式进行思考。但如果你先对其表示认可，比如，“你的话有一定的道理”或者“这件事你做得不错”，通过语言分析强化对方想法的正确性，然后进行积极引导，这样可以成功地将对方争取到自己这边来。所以，在交际过程中，我们要多认同那些反对自己的人，从而让对方不再与自己敌对。

第13章 懂心理求人办事，让对方心甘情愿帮助你的心理博弈

人是社会的人，任何人在其一生当中，都不可能不求助于人，真正成大事者，往往懂得借助他人的力量。而世上没有办不成的事，只有不会办事的人。一个会办事的人，可以在纷繁复杂的环境中轻松自如地驾驭自己的人生局面，凡事都能逢凶化吉，把不可能变为可能，最后达到自己的目的。其中的关键是看你用什么方法，用什么技巧，用什么手段。善办事者，必懂攻心谋略。因为人都是感性动物，世间之事逃不过一个“情”字，求人办事时更是如此，活用心理攻势能够轻易获得对方帮助。

示弱法可以巧妙地博得对方同情

我们常说，人心都是肉长的，这句话的含义是，再强势、再铁石心肠的人，其心灵都有最柔软的地方，这就是同情心。的确，同情心是人与生俱来的本性，是人作为群居动物所根深蒂固的习性。另外，人们在帮助他人的时候，其价值可以得到极大体现，自尊心也可以得到极大满足。因此，在求人办事时，我们若能直击人类最善良的本性，适当诉说苦楚，激发对方的同情心，那么，我们求人办事的成功率便会大大提高。请看这样一个故事：

曾经，波斯帝国的太子被阿拉伯帝国的倭马亚王俘虏，倭马亚王下令要将他斩首。昔日英姿飒爽、威武不凡的太子如今成了阶下囚，早已没有了什么威风。他请求倭马亚王说：“主宰一切的陛下，我现在口渴难当，您当以仁慈之心，让您的俘虏喝足了水再被处斩啊！”倭马亚王答应了他的要求，并让侍卫端给他一碗水。

太子接过这碗水，却不敢喝下去，颤颤巍巍地说：“陛下，我担心我正在喝这碗水时，会有人举刀杀死我。”

国王说：“放心吧，不会这样的。”于是太子请求国王保证。

国王庄重地说：“我以真主的名义发誓，在你喝下这碗水之前，没有人敢伤害你。”

太子一听，立即将那碗水泼到了地上。倭马亚王大怒，但身为国王，他已发下誓言，即不会在太子喝下这碗水之前伤害他。现在，水已被太子泼到地上，太子再也喝不到这碗水了，倭马亚王也就永远不能伤害太子了。

倭马亚王知道上了太子的当，但也没办法，只得放了太子。

我们不得不被太子的聪明机智所折服，已经沦为阶下囚的他居然还能成功从国王手中逃脱。此处，他利用的便是人的同情心。作为一国之君，倭马亚王也有同情心，没有人会拒绝一个即将面临死亡的人的小小的要求，进一步来讲，太子想安安心心地喝这碗水而惶惶恐恐地向国王提出请求，就更值得同情了。聪明的太子利用国王的同情心诱使他发下誓言，而且他也知道，作为一国之君，肯定不能违背自己的誓言，这是国王作为君主的颜面，不能因此而损害。波斯太子就是利用了国王这个心理，才救了自己的性命。

人们都有这样的心理，即面对那些比自己强的人总是有戒备心和竞争心，但面对境遇、能力不如自己的人，却抱有同情之心，而且容易被他们的请求打动，进而满足他们的需求。这就是我们经常对那些假装失明、残废的乞讨者施以恩惠的原因，尽管我们深知这一点，但却不能漠视，这其实就是同情心在起作用。

具体说来，我们可以这样激发他人的同情心。

（1）申述自己的处境，以表示求助于人是不得已之举。

比如，你希望你的下属为你办一件工作以外的事，与其编造一大堆理由，还不如直接说："我知道这件事不在你的职责范围内，但我真的是没有其他办法了，我希望你能帮我这个忙。"你这样说，下属肯定会想：领导看得上咱，咱岂能不给面子？

（2）充分阐明自己所请求之事并非与被请求者无关，以使对方不忍无动于衷、袖手旁观。

一位姓王的老师，教学成绩突出，但却因为和校领导关系不好，而一直没有被评上职称。他上告到上级主管领导处，虽然竭尽所能引起领导对自己处境的同情，但仍收效不大，这位领导听后反而推辞说："评不上是你学校的问题，学校不上报，我又有什么办法？"

王老师对这种情况早已做好准备，他立刻说："如果学校能解决，我就不会来麻烦您了。我是逐级按程序反映的。您是上级领导，而且又主管这方面的工作，下面在这方面出了问题，您是有权过问的。如果您不及时处理，今后若出现更大麻烦，那就晚了。我想，只要您肯过问，您的意见

他们会听的。”

这番话很奏效，这位领导很快就改变了态度，事情最终得以解决。

当然，表现“情”时不能冷冰冰地毫无感情，也不能表现得过度热情。求人办事时，“情”的展现也只是一种客套而已。怎么恰当地“客套”是值得注意的。

事实上，人性的弱点不只是同情心，还有很多种，但如果能看透一个人是不是具有同情心，然后再把他的同情心激发出来，掌握这一招，你就已经可以在人际交往中游刃有余了。

给对方戴顶“高帽子”，让其不敢摘下来

我们都知道，语言是人际交往的基本工具，同时也是求人办事的一个重要武器。那么人们都爱听什么话呢？很简单，人性的弱点告诉我们，人们都爱听恭维的话，人类都是禁不住恭维的动物。在这个社会，会说恭维话的人，肯定会比较吃香，办事情也就顺理成章了。当一个人听到别人的恭维话时，心中总是非常高兴的，脸上也堆满笑容，口里还连说：“哪里哪里，我没那么好”“你真是会讲话！”听完你的赞美后，对你的请求，他必当难以拒绝。

我们先来看这样一个故事：

从前，一个秀才高中后，马上就要到京城做官去了，离别前，他去向自己的老师拜别。

恩师对他说：“京城不比家里，那里人心险恶，你需要求人办事的地方多了，切记一定要谨慎行事。”

秀才说：“没关系，现在的人都喜欢听好话，我呀，准备了100顶‘高帽子’，见人就送他1顶，不至于有什么麻烦。”

恩师一听这话，很生气，以教训的口吻对他说：“我反复告诉过你，做人要正直，你怎么能这样？”

秀才说：“恩师息怒，我这也是没有办法的办法，要知道，天底下像

您这样不喜欢戴‘高帽子’的能有几个人呢？”秀才的话刚一说完，恩师就得意地点头称是。

走出恩师家的门之后，秀才对他的朋友说：“我准备的100顶‘高帽子’现在只剩99顶了！”

这个故事虽然是个笑话，但却说明了一个道理，那就是谁都喜欢听赞美的话，就连那位教育学生“为人正直”的老师也未能免俗。

这一现象是有一定的心理原因的，因为人都有一种获得别人尊重的需要，即对力量、权势和信任的需要，对地位、权力、受人尊重的追求，而赞美则会使人的这一需求得到极大的心理满足。

因此，求人办事时，我们不妨也采取这一心理策略。人一旦被认定其价值时，总会喜不自胜，在此基础上，你再提出自己的请求，对方自然就会爽快地答应下来。心理学家证实：心理上的亲和，是别人接受你意见的开始，也是转变态度的开始。由此可知，求助者要想在求人办事的过程中取得成功，一个行之有效的方法就是给予其真诚的赞美。

有一位杂志社编辑，他对说服作家很有一套。不论那些人如何繁忙，他都有办法使那些人答应为他写稿。在他面前，那些作家没有一人拒绝他的要求。

他常常这样说：“当然我知道您很忙，就是因为您很忙，我才无论如何请您帮个忙。那些有空闲时间的作家写出来的作品，总不如您的好。”据他所说，这种说法从未失败过。

为什么这位编辑从未失败过，因为他的赞美真实可信，贴切自然。的确，要恰如其分地赞美别人不是件容易的事。如果称赞得不恰当，反而会遭到对方的排斥。那么，我们怎样才能做到自然地赞美对方呢?

具体来说，需要把握以下几点原则。

1.态度要真诚

要想让别人帮你办事，就要真心地赞美别人，因为只有情真意切的赞美才有感染力，虚情假意不是赞美，而是讽刺挖苦或别有他求。抱有某种不可告人的目的，以溢美不实之词，极尽吹捧逢迎，只会引起别人的反感。

2.赞美要有据可循

凭空的、空泛的赞美谁都会，仅仅是几句好话而已，但这起不到赞美的作用。赞美别人之前，必须要确认你所赞美的人“确有其事”，并且要有充分的理由去赞美他。倘若你无根无据、虚情假意地赞美别人，那别人不仅会感到莫名其妙，更会觉得你油嘴滑舌、诡诈虚伪。例如，当你见到一位其貌不扬的小姐，却偏要赞美她：“你真是美极了。”那对方立刻就会认为你所说的是虚伪之言。但如果你着眼于她的服饰、谈吐、举止等，发现她这些方面的出众之处并真诚地赞美，那她一定会高兴地接受。

3.措辞一定要准确、得当

赞扬别人的语言，只有准确、得当，才能显示其真实性。一些人赞美他人时，实在找不到话说，就用含糊其辞的语言，其实，含糊的赞扬往往比侮辱性的言辞还糟糕。比如，“嗯，有点儿意思”“挺好”和“没那么糟”，这只会令人反感。

4.别一味地赞美

适量的赞美，会让对方听着很舒服，也很受用，可是，过量的赞美，则会显得做作和虚伪。所以，抓住重点赞美，避免赞美之言泛滥，也是我们在赞美他人时应该注意的问题。

总之，求人办事，就得把握好对方的脾气爱好和欲望所需，揣其所思，投其所好，让对方感到自然愉悦，对方才肯为你的事尽心尽力，这时，你就达到目的了。

展现自己的求人“利用价值”，让对方觉得“有利可图”

心理学上有个著名的互惠原则，所谓“互惠原则”，是指受人恩惠就要懂得回报。主要表现为，生活中人们经常会以相同的方式，回报他人为自己所付出的一切，即你怎样对待别人，别人就会怎样对待你。因为，当人们给予他人好处后，他人心中就会有负债感，并且希望通过同一方式或者其他方式来还这份人情。因此，根据这一心理原则，我们可以得出求

人办事中的一个心理策略，那就是求人前先让对方看到自己的“利用价值”，表明我们的回报之心，让对方觉得自己的付出值得，那么对方自然就会对你伸出援手。

的确，一般人求人时，态度一定会低三下四，以博得对方同情，好像只有这样才容易获得帮助。但是这种人对方可能见得比较多，也就见怪不怪了。同时，一些人在看不到帮助你之后得到的利益的情况下，是不会对你伸出援助之手的。如果你一反常规，多谈及对方在帮助你之后会获得的利益，那么，综合权衡之下，对方答应请求的概率会大大增加。

那么，具体来说，我们该怎样运用互惠原则来求人办事呢？

1.为自己贴金，让对方看到你的潜力

比如，在谈判桌上，你希望对方与己方签订协议，那么，与其刻意地恭维对方，倒不如底气十足地向对方提出要求，并可以在无意中表明已有其他合作方有与己方合作的意图，那么，这样就会无形中抬高己方的身价，至此，让对方对己方刮目相看，如此一来，事情自然就好办多了。

很多场合，双方情况都是虚虚实实，谁也无法完全摸清对方的底细。在这种大环境下，如果你势力弱而又想借助对方的力量，那么你就应该多往自己脸上贴金以抬高身价，至少给对方一个你实力强大的假象，让对方看到你潜在的实力，进而对方才愿意助你一臂之力。

2.承诺给予对方一定的利益

其实，人们在遇到他人求助于自己的时候，总是在寻找心理平衡，即帮助他是不是值得？我能得到什么好处？他会不会记得我帮助过他？在这些疑问存在的情况下，人们是不愿意下帮助你的定论的，此时，如果你对其许下承诺，保证会给其一定的利益报酬，那么，就等于给其吃了一粒“定心丸”。

软磨硬泡，对方终会答应

在现实生活中，我们发现，多数时候，如果男人和女人产生争论，

那么大多是以女人获胜而告终，之所以会这样，是因为男人多数受不了女人的软磨硬泡。实际上，软磨硬泡也是求人办事的一个有效策略。如果对方一拒绝就失去信心，那么，这样的心态是什么事也办不成的。常言道：人心都是肉长的。求人办事的过程中，不管对方态度多坚决，只要你善于用行动证明自己的诚意，表明自己坚决的态度，那么，对方必定会给你机会，从而把固执的心门打开，于是你就“泡”出成功了。

可能有些脸皮薄的人会认为，软磨硬泡不就是死皮赖脸吗？实则不然，软磨硬泡立足于韧性与耐心，着眼于感化对方，所谓“精诚所至，金石为开”就是这个道理。因此，在求人办事时，你应该学会厚着脸皮而克服害羞和自卑，主动出击，不达目的誓不罢休。

毕加索的妻子弗朗索瓦兹·吉洛特很喜欢绘画，而且在画画的时候不喜欢被别人打扰。一次，儿子小科劳德想让妈妈带他出去玩，可吉洛特已全身心投入到绘画上，听到敲门声和儿子的喊声，只是回应了一声“哎”，之后就接着埋头作画。但儿子没放弃，接着又说：“妈妈，我爱你。”可得到的回应也只是：“我也爱你呀，我的宝贝儿。”还是没有打开门。儿子又说：“我喜欢你的画，妈妈。”吉洛特高兴极了，她答道：“谢谢！我的心肝，你真是个小天使。”但是她仍旧没有开门。儿子又说：“妈妈，你画得太好看了。”这时吉洛特停下笔，却仍然没有开门的意思。儿子继续说：“妈妈，你画得比爸爸画得还好。”吉洛特知道，自己画得肯定不及丈夫画得好，但儿子的话却让她欣喜若狂，她也从儿子那夸张的评价中感受到了儿子的急切心情，于是终于把门打开了，答应陪儿子一块儿出去玩。

小科劳德正是用软磨硬泡的办法敲开了专心作画的母亲的门。其实，在现实生活中，求人办事时，我们也可以运用这种方法敲开对方的心门。中国人都好情面，许多事情经过软磨硬泡都可以办到。很多时候，我们所求之事明明合理，可是正常渠道却走不通，这时只有多“磨”才能办成想办的事。

需要指出的是，“软磨硬泡”不是消极地耗费时间，也不是硬和人家要无赖，而是要善于采取积极的行动去影响对方、感化对方，促进事态向

好的方向发展。有时候对方拖着不办，并不是不想办，而是有实际困难，或心有所疑。这时，你若仅仅靠行动去“泡”就很难奏效，甚至会让对方很烦，从而更不利于办事，这时嘴巴上的功夫就显得十分重要了。要善解人意，抓住问题的症结，巧用语言攻心。

表面上看这种方法很简单，但却并不容易做到。要想用此方法达到求人目的，就需要把握好以下两个条件。

首先，必须控制好自己的情绪，要有打持久战的准备。

在生活中，一些急性子的人在求人办事时会表现出这些缺点，一旦对方拒绝就失意、烦躁甚至发火，其实，这样做都无异于事情的解决。你要学会先深呼吸，然后告诉自己要冷静下来。不羞不怒的表现就是对对方处境的理解，对方也会因为没有帮上你的忙而觉得内心愧疚，此时，你就站在了主动的位置上，也就可以方寸不乱地调动自己全部的聪明才智，想方设法去打破僵局，也许会消耗一定的时间，但一定会成功。

另外，我们发现，“软磨硬泡”打的就是一场持久战，需要的就是时间，但恰恰时间就是一种武器，我们谁都有时间，但谁都珍惜时间，如果你有足够的耐心，那么，这场战役你就能胜利。所以，我们一定要沉住气，耐心地牺牲一点时间，成功就会属于你！

其次，必须是“赞美”“哀求”“硬磨”这三种方法一起用，缺少任何一种都达不到让他哭笑不得的效果，也就难以得到你想要的结果。

总之，“软磨硬泡”法是一种求人办事的成功诀窍。它能以消极的形式获得积极的效果，可以表现出自己不达目的不罢休的决心和毅力，能给对方施加压力，也能够增加双方接触的机会，更充分地表明自己的态度、思想和感情，以影响对方的态度，达到求人的目的。

展开情感攻势以让对方乐意效劳

俗话说：动人心者莫过于情。人是感性动物，这也就决定了人与人之间的交往存在很多情感因素。我们的周围到处都渗透了情感关系，有友

情、乡情、亲情、爱情等。在求人办事的过程中，若你想要与别人建立良好的关系，得到别人的帮助，首先就要有感情基础。对此，你不妨运用情感联系，一旦对方认同了你这个人，那么求人办事的目的自然也就会达到。

刘先生现在是京城一名小有名气的企业家，回想当年他在江西老家奋斗的经历，实在是不堪回首，不过创业的那些年，政府还是给了他不少支持。这些年，刘先生一直想回老家看看，却因为工作繁忙，始终没有时间。

最近，刘先生老家所在的乡政府为了创办当地特有的产品加工厂，需要一笔不小的资金，当地政府千筹万借，才筹到了总数的三分之一，怎么办呢？政府把这件事交给了小王办理，小王是个机灵的小伙子，思前想后，他想到了刘先生。此前，他就看过刘先生的资料，对刘先生的情况十分了解，因此他断定刘先生会有投资意向。

因此，在没有任何人员陪同，也没有准备任何礼品的情况下，小王独自一人前往北京。

会面是在刘先生家里开始的，那天，刘先生听说老家有人来了，欣喜之余也感到有些惊讶，因为久不闻家乡的信息，突然有人来了，该不会是招摇撞骗之人吧？刘先生不由得生出阵阵疑心，但出于礼节，他还是同小王见了面。

小王很会察言观色，和刘先生聊了几句后，他通过观察刘先生的神情，知道对方并没有完全相信自己，不过，他对此甚是理解。接下来，他挑起了家乡的话题，只讲家乡这些年来各方面的变化，他那生动的语言，特别是那浓浓的爱乡之情溢于言表，令刘先生深受感动，也将他带回了童年及少年时代，想起了那时的家乡，那里的爷爷奶奶，还有邻里亲戚……很显然，刘先生记忆深处的那块儿思乡领地已被小王揭开了盖头，因而蕴藏在心中的那份几十年的感情全部流露了出来，欲罢不能。

就这样，在3个小时的“会谈”过程中，小王对借钱一事只字未提，只是与刘先生回忆了家乡的变迁，犹如放电影一般。最后，刘先生不但主动提出要为家乡捐款一事，还答应了与家乡合资办厂的要求。

俗话说：“老乡见老乡，两眼泪汪汪。”案例中的小王果真是个聪明人，看似毫无可能的一桩事，就被他办成了，此处，他正是通过展现乡情来打动对方的。的确，乡情是以地缘为纽带而结成的特殊缘分，人们在说话办事时可以靠乡情套近乎、拉关系，也可以利用乡情打通关节，办成事情。

其实，任何一个人在长期的生活中，都会与周围的人建立一种情感关系，与生俱来的有亲戚关系，后天的有同学关系、乡情关系、同事关系等，这些都可以成为我们在求人办事过程中可利用的积极的资源。

具体来说，我们不妨开动脑筋，从以下几个方面着手。

1.同学关系

我们或许性格内向，没有几个朋友。但从入学开始，我们的同学总是在不断增多。即使你的人缘再不好，估计也有一两个关系好的同学。因此，在求对方办事前，如果你和对方有着一层机缘，那么，不妨大方告诉他：“听说你也是三高的？你认识××吗？就是那些年风靡学校的网球小子啊……”提到这一层关系，不仅能打开双方的话匣子，还能拉近彼此之间的关系。

2.亲戚关系

相信你的亲戚都是愿意帮助你的，如果你能得到亲戚的引荐，那最好不过。而如果不能，在与对方交流时，不妨也提及一下，但应注意要在不经意间提及，你可以这样说：“我听我爷爷说，当年你是战场上最骁勇的士兵。”对此，对方一定会询问：“你爷爷是？”这样，话题就展开了。

3.同事关系

工作中，你与他人的关系如何？你与你从前的同事还联系吗？如果你的同事与现在要求人办事的对象有一定的关系，那么，也大胆利用吧！

当然，我们可以利用的关系还有很多，只要我们善于寻找，灵活运用，这些关系都能帮助我们在求人办事的过程中事半功倍！

如果害怕被人拒绝，不妨先说个“大要求”

在生活中，我们可能都有过这样的经历：

我们想找朋友借钱，如果你直接说：“能借2000块给我吗，有点急事？”得到的回答很可能是：“借钱干什么，我还缺钱呢！”可是，如果你说：“老同学，我最近手头很紧，借1000块钱给我救急，行吗？”“什么？我哪有那么多，我也正用钱，最多只能借你100块！”这样一来，目的不就达到了吗？

在生活中，如果先对某个人提出一个很大而又被拒绝接受的要求，接着再向其提出一个小一点的要求，那么他接受这个小要求的可能性就比直接向他提出这个小要求而被接受的可能性大得多，这种现象被称为“留面子效应”，也叫“门面效应”。

心理学家认为，“留面子效应”的产生，主要是因为人们在拒绝别人大要求的时候，感到自己没能帮助别人，辜负了别人对自己的良好期望，会心生内疚。这时，为了在别人心中保持“乐于助人”的良好形象，也使自己的心理平衡，人们往往更愿意为别人提供帮助。

一次，在一架由巴黎飞往伦敦的航班上，乘客满怀激情地等待着飞机着陆，但就在此时，乘客们忽然听到乘务人员报告：接到机场通知，最近是客流高峰，机场拥挤得腾不出地方，飞机暂时无法降落，着陆时间将推迟一小时。

乘客们听到这一消息后，整个机舱里响起一片喧嚷抱怨之声，有些人担心飞机是不是出什么事了？尽管如此，乘客们也没有其他任何解决办法，不得不做好思想准备在空中等上这令人难熬的一小时。时间一秒一秒地过着，谁知几分钟之后，乘务员又向乘客宣布：晚点时间将缩短到半个小时。听罢这个消息，乘客们都如释重负地松了口气，心情顿时也好了很多。又过了几分钟，乘客们再次听到飞机上的广播说：“最多再过三分钟，本机即可着陆。”这下，乘客们个个喜出望外。虽然飞机仍是晚点了，但乘客们反而感到庆幸和满意。

这也是“留面子效应”发生的作用，如果乘务员刚开始就向乘客通知正确的晚点时间，可能乘客们无法接受，在下飞机的那一刻，或许会抱怨声不断。但乘务员先向乘客们通知了一个小时的晚点时间，接着转为半小时，再转为三分钟，人们自然会喜出望外。

因此，在日常生活中，我们在与人交往、求人办事时，不妨利用这一效应，先提出一个令人难以接受的要求，待别人拒绝且怀有一定的歉意时，再提出自己真正想让对方办的事情。由于前面的拒绝，人们往往会为了留住面子而接受随后的要求，这样做的成功率比直接提出这一要求高得多。在日常生活中，售货人的标价和买货人的砍价就是对这种效应的应用。

但在现实生活中，我们运用“留面子效应”与人交际的时候，还应注意以下几个方面。

1.注意彼此间的关系亲密度

“留面子效应”是否会发生作用，关键在于别人是否有义务对你提供帮助。如果别人既无责任，又无义务，双方素昧平生，却想别人答应一些有损对方利益的事情，这时候即使“先大后小”也是没有用的。比如，如果你希望你的朋友能在你的生日派对上送你一条项链，你可以先提出让他给你买一条纯金的，然后再提出随便买一条，但如果你对街上的陌生人提出这一要求，几乎是不可能成功的。

2.不要利用别人的面子心理，提出一些不合理的要求

“留面子效应”是一把“双刃剑”，善加利用可以使沟通、交流事半功倍。但应切记：己所不欲，勿施于人。不要为了一己私利，而轻易利用他人的面子心理，否则，一旦他日别人察觉出你的不良动机，那么就必会远离你。

3.“留面子效应”并不是“放之四海而皆准”的，不要因为别人的拒绝而损害其面子

一般人都爱面子怕丢脸，怕遭人议论，怕日后抬不起头来做人，特别是我们中国人，对于丢脸面这件事更是在意。因此，为了不失脸面，他不得不作出万分努力，来尽可能保住面子，从而产生“留面子效应”。但我

们不能因为别人拒绝了我们的要求，就肆意传播不良信息，或者以此威胁对方，这都是不道德的。

总之，我们要学会正确地运用“留面子效应”，在不伤对方感情的情况下，让对方答应我们的请求，这才是最佳方式。

第14章 懂心理朋友好处，关系再近也要善加维护

众所周知，成功学上有一个等式，成功=20%的知识+80%的人脉。有人说，当我们30岁以后，成功就不再是靠我们所掌握的知识，而是靠我们的人脉，可见，人脉多么重要。当然，建立和维持人脉关系时，我们需要掌握一些策略，这并不是要我们分享金钱、分享权力等，而是分享情感，给予他人关心与爱护，从而帮助我们成功走入他人内心，这样，在人与人的交流中，稳固的人脉关系网自然会建立起来。

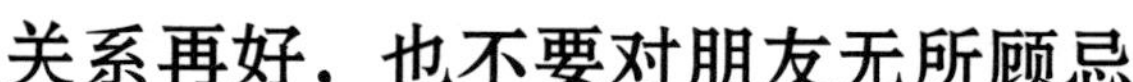

关系再好，也不要对朋友无所顾忌

在日常生活中，我们发现，亲朋好友间，如果不互相往来，关系就会变得疏远，甚至最后不相过问。的确，人际间的关系始终是变动的，两个人相处，不是越来越互相信任，便是越来越彼此猜疑。要想保持友谊，必须适当地互动。人脉管理也是如此，关键在于互动。

现代社会，我们早已认识到人脉对于自身生存和发展的重要性。有企业培训讲师强调：“人脉是一个营销人通往财富、成功的入门票！”

就拿旅游行业来讲，刚进入旅行社做业务的年轻人，认识的人顶多是同学或同事，需要帮忙时常会陷入“求助无门”的窘境；就算是有工作经验的营销人，若不善于建立、维系关系，也很难进一步扩大人脉圈。而那些成功者，无不是维系人脉关系的高手。

某家电器制造公司的陈总是个很会与人打交道的人，他所在的公司长期承包那些大型商场和公司的电器制造工作，为此，他常常和这些大型商场的负责人有重要往来，并且，常对他们施以恩惠。陈总的交际方式与一般企业家的交际方式的不同之处是：他不仅奉承公司里的重要人物，而且对年轻的职员也殷勤款待。

当然，陈总的精明之处在于，他并非无的放矢，而是有计划、有针对性地联系这些人。事前，他会将这些公司员工的各种情况，包括学历、能力、人际关系和业绩等各方面做个全方位的了解，如果此人日后大有可为，能在公司有所建树的话，那么，不管他多年轻，陈总都会主动与之结交。

所以有时候，当他知道这些公司的年轻员工升迁至小小主管后，他总是第一个跑去庆祝，并赠送礼物，同时还邀请他到高级餐馆用餐。

年轻的主管从未去过这类场所，也从未享受过这样高级的待遇，他们首先会受宠若惊，然后会倍加感动，从而他们会产生这样一种想法：我与这位经理素昧平生，再说，我现在并没有掌握公司大权，他就对我如此厚重，真是个好人啊！无形之中，这位年轻的主管就会产生知恩图报的意识。

这时，聪明的陈总会看出对方的心理，于是，为了减轻对方的心理负担，他会说："我们公司能有今日，完全是靠贵公司的抬举，因此，我向你这位优秀的主管表示谢意，也是应该的。"

当有朝一日这一主管晋升至要职时，还会记着陈总的恩惠。因此，在生意竞争十分激烈的时期，许多承包商倒闭的倒闭，破产的破产，而陈总的公司却仍旧生意兴隆，这就是他平日感情投资的结果。

我们发现，案例中的陈总是个很会管理人脉关系的人。的确，功夫在平时，只有在日常生活中悉心地维护人脉，才能在关键时刻为你带来收益。

那么，就从自身出发，从小处着眼，维护你的人脉关系吧！

1.建立通讯录

我们每天都有可能认识新的朋友，认识的人多了，我们就可能会与以前的老朋友失去联系，因此，保持联系的重要方式就是建立通讯录。一旦自己更改了联系方式，一定要告诉大家，以便可以和大家保持畅通的联系。

2.经常走动

中国人一到春节的时候就会走亲戚，因为他们认为，亲戚是需要经常走动的，如果长时间不走动，亲戚也就不是亲戚了。其实，人脉圈子中，何尝不是如此呢？所以对于自己人脉圈的人，有时间就经常在一起聚聚，如果不能经常见面，也可以保持一定的联系，比如，逢年过节的时候，相互发一条祝福短信或打个电话等。

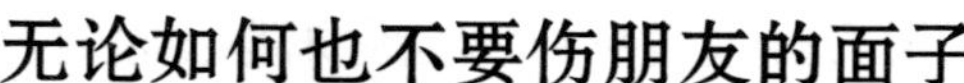

无论如何也不要伤朋友的面子

中国人素来爱面子，尤其是在人际交往中，更是处处怕失了面子，这也是中国人的普遍心理。因此，在日常生活中，很多时候，我们评价一个人够不够朋友，往往看他“会不会给我们留面子”。假如一个人能把这种种“面子”都熟稔了，都做到了，那么在朋友们眼里，他就算是个很会做人的人了。这样的人，往往在人际交往中如鱼得水，而那些说话、做事不经过大脑的人，常常会因为一不小心伤了朋友的面子而失道寡助。

小李与小王是一对好朋友，彼此都视对方为知己。有一次，同事小张对小李说：“小李，我总觉得小王这小子为人有点儿太认真了，简直到了顽固的地步，你说是不是？”小李听完小张的话顿生反感，心想：你这小子在背地里贬损我的好朋友，缺德不缺德？但他又不好发作，于是假装一本正经地说：“小张，我先问你，我在背后和你议论我的好朋友，他要是知道了会不会和我反目成仇？”小张一听这话，脸“唰”地一红，不吭声了。

这里，小李就使用了委婉点拨的技巧。面对小张的发问，他没有直接回答“是”还是“不是”，而是话题一转，给对方出了个难题，而这个难题又正好能起到点拨对方的作用，既暗示了“小王是我的好朋友，我是不会和你合伙议论他的”，又隐含了对小张背后议论、贬损小王的行为的不满。同时，由于这种点拨较委婉含蓄，所以也不至于让对方太难堪。

在现实生活中，朋友间常常会出现一些意见不合或者产生矛盾的情况，会因为说了不合时宜的话、做了不合时宜的事而陷入难堪境地，那么，我们该如何不伤朋友面子而巧妙解决问题呢？

1.找个借口，帮朋友找一个台阶下

如果你的朋友陷入了交际中的窘境，此时，你千万不要落井下石地取笑他。在这种情形下，你应该为他打圆场——换一个角度或找一个借口，以合情合理的解释来证明对方有悖常理的举动在此情此景中是正当的、无可厚非的和合理的，这样一来，对方的尴尬解除了，正常的人际关系也能

得以继续下去。而我们在无形中与朋友的友谊也更加深厚了。

2.转移话题，制造轻松气氛

人与人毕竟是不同的，即使是朋友关系，也会因为意见不合、观点不一致而互相争论，在一些问题上互不相让。此时，最巧妙的方法之一就是转移朋友的注意力。

当朋友之间为了某个问题而争得面红耳赤、僵持不下时，可以适时说一句“要把这个问题争得明白，比国家足球队赢球还难”；或者说一个笑话，让双方的情绪平缓下来，从而在轻松的气氛中让尴尬消失殆尽，使交际活动得以顺利进行。

其实，当人们因固执己见而争执不休时，造成僵持局面难以缓和的原因往往已不是双方的看法本身，而是彼此的争胜情绪和较劲儿心理在作怪。实际上，对某一问题的看法本身并不是固定不变的常数，随着环境的变化和角度的转移，不同乃至对立的看法都可能是合理和正确的，因此，我们在解决问题时要抓住这一点，帮助双方换一个角度来看待争执点，灵活地分析问题，使他们认识到彼此看法的相对性和包容性，从而让双方停止无谓的争论，这样才不至于伤了朋友的面子。

3.不要与朋友争抢光彩

一个精明的英国人曾经说过：“一个人在世界上可以有许多事业，只要他愿意让别人替他受赏。”有时候，你要学会牺牲个人荣誉，让他人代你接受因你的设想或发明而得到的荣誉。如果你与你朋友的关系十分牢固，你会发现这种做法将有利于长远的利益和奋斗目标。而如果你为了一己私利，把朋友的功劳抢了，那么自己的脸是露了，但却失去了更为宝贵的友谊。

总之，为朋友留面子是维护友情最有效的方式之一。在日常交往中，我们必须从善意的角度出发，以特定的话语去调节人际关系，帮朋友夺回面子，这样也可以使我们在交际场合左右逢源。

刺猬法则，距离产生美

为了研究刺猬在寒冷冬天的生活习性，生物学家做了一个实验：把十几只刺猬放到户外的空地上。这些刺猬被冻得浑身发抖，为了取暖，它们只好紧紧地靠在一起，而相互靠拢后，又因为忍受不了彼此身上的长刺，很快又各自分开了。可天气实在是太冷了，于是它们又靠在一起取暖。然而，靠在一起时的刺痛使它们不得不再度分开。挨得太近，身上会被刺痛；离得太远，又冻得难受。就这样反反复复地分了又聚，聚了又分，不断地在受冻与受刺之间挣扎。最后，刺猬们终于找到了一个适中的距离，既可以相互取暖，又不至于被彼此刺伤。

这就是心理学上的“刺猬法则”。“刺猬法则”强调的就是人际交往中的“心理距离”问题。在生活中，人际间的关系也经常会遇到这类心理距离问题——人与人之间，因为某种机缘相遇、相识、相知，并因为志趣相投而彼此互相欣赏，为了工作和生活中的情感需要和现实需求，好友间肝胆相照，甚至产生桃园结义式的友情。但毕竟大家来自不同的环境，接受过不同的教育，时间一长，即使再亲近的朋友，也难免会出现问题。感情往往是最脆弱的。太过疏远难免淡漠，太过亲密又难免疲惫，因此，只有保持适中的距离，才能保持和谐的关系。

因此，朋友间相处，需要有一些空间，如果太过亲近，不小心忘了分寸，口无遮拦，就会造成彼此间关系的紧张。其实，就算是关系最亲密的夫妻，相处的时候也需要有些距离，要有属于个人的空间。

所以，面对微妙的人际关系，我们提倡“友如作画须求淡”的态度，君子之交淡如水，朋友间过分亲昵会让其他同事与朋友对你相对疏远，从而影响和他人的正常关系。尤其是异性朋友之间的距离，更难以把握。如果没有什么预期的用意，在真诚地互相关心、帮助的基础上，彼此还是保持一定的距离比较合适。

的确，距离是一种美，也是一种保护。感情容易滋养人心，也会轻易伤害人心，不管是血浓于水的亲情，还是海誓山盟的爱情，都可能在不经

意间刺痛对方。

那么，在人际关系中，根据“刺猬法则”，我们该如何与他人保持距离呢?

1.亲密有间，疏而不远

与人交往时，如果关系太疏远，就会使人产生沟通障碍，出现彼此陌生的反应；关系太亲近，则又会使人感到厌倦、疲劳甚至反感。有些人有事没事就把朋友约出来，也不询问一下朋友是否真的有时间，这样不但干扰了朋友正常的工作、休息和生活，还会让朋友觉得厌烦。合适的交往距离，应该是交往既不要过多，也不宜过少，应该把握在双方都感觉恰如其分的范围内。

2.与朋友交往要保持一定的认知差距

我们常常犯的一个错误，就是把自己的想法强加给朋友，以为朋友的想法与自己一致，但实际情况并非如此。每个人都是单独的个体，所接受的教育和所处的生活环境也都是不同的。因此，与朋友交往时一定不要自以为是，以为自己所想就是朋友所想，这样做只能适得其反。

3.君子之交淡如水

在人际交往中，很多人认为与别人的交往越亲密越好，其实不然，如果你不注意保持距离，把握分寸，就可能会在人际交往中受到伤害。比如，你应避免陷入办公室政治斗争中，因为你和周围的同事都保持着相当的距离，这样你既不属于这一派，也不属于那一派，别人也就不会轻易地伤害你。

当然，与人交往的过程中，与人保持一定的距离，并不是对他人的一种漠视，而是为了日后更好地交往，因为只有亲密有间的关系，才是恰当的交往关系。留出距离就是给彼此的感情腾出一个足以盛放的空间。为何有朋自远方来不亦乐乎？远方的距离承载了更多的向往和牵挂，距离换取的是更多的珍惜，而不是摩擦。

共生效应：朋友之间最好有共同的圈子

自然界有这样一种现象：当一株植物单独生长时，会显得矮小、单调，而与众多同类植物一起生长时，则会根深叶茂，生机盎然。人们把植物界中这种相互影响、相互促进的现象，称为“共生效应”。

事实上，人类群体中也存在“共生效应”。英国“卡迪文实验室”从1901年至1982年先后出现了25位诺贝尔获奖者，便是“共生效应”的一个杰出典型。我国历史上著名的有以孔融为首的“建安七子”，以阮籍为首的“竹林七贤”，以西晋文学家煯岳为首的“二十四友”，以南梁著名文学家、史学家沈约为首的“竟陵八友”等。我国成语有“物以类聚，人以群分”，也反映了交友的相聚和互相影响的关系。

的确，我们作为社会中的一分子，没有人可以单独存在，都或多或少地和周围的人、事、物发生着关系，都有自己的生活圈子。另外，我们不难发现，那些善于利用人际关系建立良性生活圈的人，总是能生活得更好。

因此，在生活中，我们不妨多与优秀的人交往，加入那些优秀者的生活圈，这样你也会变得优秀。如果你已经很优秀了，再与优秀的人交往，那么你们就能产生“共生效应”，从而取得了不起的成就。保罗·艾伦和比尔·盖茨走到一起并创立了微软就是最好的例证。

1968年，保罗·艾伦与比尔·盖茨相遇于湖滨中学，艾伦比盖茨年长两岁，他丰富的学识令盖茨敬佩不已，而盖茨在计算机方面的天分又使艾伦倾慕不已。就这样，他们成了好朋友，随后一同迈入了计算机王国。艾伦喜欢钻研技术，他专注于微软新技术和新理念的创新，盖茨则以商业为主，他一人包揽了销售员、技术负责人、律师、商务谈判员及总裁等职。在两人默契的配合下，微软掀起了一场至今未息的软件革命。

有人说，没有比尔·盖茨，也许就不会有微软，但如果没有保罗·艾伦，比尔·盖茨也不会有今天的成就。他们能走到一起，并非偶然。比尔·盖茨曾说过：“有时决定你一生命运的在于你结交什么样的朋友。”

换句话说，你与怎样的人交往在某种程度上决定了你的未来。

所以，请与优秀的人交往，努力加入优秀者的团队，从而让自己在那个良好的氛围中获得成长。从他们的经历中，你既可以学到成功的经验，也可以吸取到失败的教训，这会使你变得更优秀。

当然，根据“共生效应”，我们得到的关于人际交往中的心理启示远不止交优秀的朋友，具体来说，还有以下几个方面。

1.避开不良的共生圈

在犹太经典《塔木德》一书中，有一句名言：和狼生活在一起，你只能学会嗥叫；和那些优秀的人接触，你就会受到良好的影响。

傅玄在《太子少傅箴》中也说：“近朱者赤，近墨者黑。”的确，“近小人则多鄙”，那么“共生效应”就应当引起我们的重视。很多犯罪集团，最初并不是所有人都是十恶不赦的坏人，但是，“共生效应”的结果，发展了他们自私自利、好吃懒做、荒淫无耻、鼠窃狗盗乃至残暴杀人的罪恶思想和行为。因此，我们应引以为戒，少与品行不良的人交往。

2.重视小人物和平凡的人

团结就是力量，一木是木，两木成林，三木成森，许多树木聚在一起，就具有抵抗龙卷风的力量。

“共生效应”告诉我们：“独行侠”是难以取得卓越成就的，人只有在交往与交流中互相影响、互相启发、互相进步、互相支持、优势互补，才能超越平凡，铸就辉煌。

在生活中，有时候给你启发的人，可能是优秀的成功人士，而有时候给你触动的人，可能只是一个不起眼的小人物。这就是说，我们不能只与优秀者“共生”，还要重视小人物、平凡的人，多与他们交流，你同样能增长见识。

因此，在与人交往的时候，不能戴有色眼镜看人，对于那些不起眼的小人物，我们同样要以礼相待，以诚相待，真诚地与他们交往、交流，从而获得启发和支持。

近因效应：不良印象要尽快消除

心理学上有一个“首因效应”，又叫“最初效应”，也即日常生活中所说的“第一印象”。我们可能都有过这样的经历，当有新朋友介绍给你，甚至面对迎面走来的陌生人时，内心里会不自觉地会马上作出一个喜不喜欢这个人或对他有没有好感的判断，这个判断直接影响着你对这个人的看法和以后你们的交往。第一印象的好坏固然很重要，但随着交往的深入，人们会对我们有更多、更全面的了解，但前提是我们要明白如何让对方将不良印象改为好印象。这其中就涉及了“近因效应”。

心理学上将“近因效应”定义为：“近因效应”是指交往中最后一次见面或最后一瞬给人留下的印象，这个印象会在对方的脑海中存留很长时间，不但鲜明，且能左右整体印象。

可能绝大多数人对“首因效应”很熟悉，而对“近因效应”这个词感到陌生。其实，这个词理解起来并不难。不管什么事情，都有着不同的阶段：初段——发生，中段——发展，最后——结尾。也就是说，在人类的记忆中，对于他人的印象是个不断变化的过程，一连串事件的不同阶段被接受的印象很有差异，而最初和最后印象最深刻。

然而，在现实生活中，人们在交际的时候，往往忽视了“近因效应”，从而导致了人际交往虎头蛇尾，给别人的最终印象很差，这样的案例屡见不鲜。

小李是某大型公司的一位年轻主管，他负责某类产品的配件加工业务，基于他总是努力工作，公司领导很信任他。一次，公司派他代表公司前往某大公司洽谈一笔外包业务。对公司而言，该业务很重要。因为大企业的外包业务量大且稳定，也就是说，如果能拿下这笔业务，公司就可以获得一笔很大很稳定的现金流。

为此，小李投入了大量的时间与精力用于前期准备。也许是小李准备工作做得很周到，双方刚刚接触，对方就表示了明显的好感。有了好的开头，洽谈工作进展得也很顺利，最后一天，还留有一些细节问题需要双方

进一步协商。结果，仅用了半天时间，便协商好了。

对方要求再给几天时间，以向上级汇报，再作最后决定。

小李满口答应了，他本以为这件事可以敲定。不料，两三天过去了，一周过去了，对方还没有动静。他实在忍不住了，就打电话询问对方的一名代表，对方代表告诉他，事情可能有变故。他请求对方解释一下原因，对方拒绝了。可他不甘心，当他第三次打电话过去时，对方告诉他，问题出在最后那天他穿的那件西装上。

原来，他那天穿的西服的袖口，少了一颗纽扣。要知道，对方外包的可不是别的，而正是精密仪器的零配件！

也许，最后一天洽谈时，他由于太过兴奋而忘了仔细检查自己的衣着；也许是潜意识里，他认为大局已定，不再需要小心翼翼。

总之，最后一天，一个小小的疏忽就让他失去了一大笔订单。

人们总是说“良好的开始是成功的一半”，可是小李却败在了虎头蛇尾上。这告诉我们，“好头不如好尾”。与人打交道时，我们不仅要在最初表现很好，最后阶段也要表现好，分手时更要特别注意，做到有始有终。

这就告诉我们，如果留给对方的第一印象不够好，或者在双方的交往中曾遇到了不快，那就更应该巧妙地运用“近因效应”，在最后时刻挽回局面，达成谅解，给对方留下好印象。

那么，具体来说，根据“近因效应”，我们该如何让对方消除对我们的不良印象呢?

1.尝试沟通

即使你留给别人的第一印象不好，也不要忧心忡忡，只要你尝试多沟通，并且不动声色地表现自己良好的一面，就能让他人对你产生进一步的了解，从而就能化解误会，重新建立别人对我们的好印象。

2.注重后期维护

在与他人沟通后，我们更要注重持续的维护工作，绝对不能让他人觉得你的热情只有三分钟热度。人们往往更记得和喜欢经常与自己保持联系、维持关系的人。因此，不妨试着平时打个电话，偶尔送个小礼物，有

时间互相走动一下。由于一直处于交往的状态，因此在需要帮助的时候提出请求就不显得突兀了。反而那些刚认识的时候很热情，事后长时间不联系，需要帮助的时候又突然找上门的人，会让人们觉得自己像是被利用了，难免会产生抵触心理：我不是你招之即来挥之即去的人。会经营人际关系的人，平时一定会注重对关系的维护。

总之，在与人交往的过程中，我们要善于运用一些心理策略，尽量做到让别人喜欢我们。如果你在与人初会的过程中，犯下了某种错误，或是表现平平，那么可以在分手之前做一个良好的表现，以改变对方对你原来的印象。只要你在与对方分手之前的表现得体，那么不管原先的表现如何，都可以获得补救，甚至给人留下终生难忘的印象！

适时让他人占点儿“便宜”，会使你朋友更多

在生活中，在一些人眼里，吃亏的老实人成了“傻瓜”、“无能者”的代名词。但我们似乎也注意到，那些愿意吃亏、让对方占便宜的人总是有更好的人际关系，无论是工作中还是生活中，他们都能得到更多人的信任，有更多的升迁机会，也总是有更多的人愿意成为他们的朋友。其实，这些现象正印证了人们常说的“吃亏是福”这个道理，主动让步，让朋友多占点儿便宜，可能确实会给你带来利益上的损失，但却可能给你带来友谊、信任，最主要的是，我们会获得心灵上的充实感。

齐国有一对很要好的朋友，一个叫管仲，另一个叫鲍叔牙。年轻的时候，管仲家里很穷，又要奉养母亲，鲍叔牙知道了，就找管仲一起投资做生意。做生意的时候，因为管仲没有钱，所以本钱几乎都是鲍叔牙出的，可是，当赚了钱以后，管仲却拿的比鲍叔牙还多，鲍叔牙的仆人知道了就说：“这个管仲真奇怪，本钱拿的比我们主人少，分钱的时候却拿得比我们主人还多！”鲍叔牙却对仆人说：“不可以这么说！管仲家里穷，又要奉养母亲，多拿一点没有关系的。”有一次，管仲和鲍叔牙一起去打仗，每次进攻的时候，管仲都躲在最后面，大家就骂管仲说：“管仲是一

个贪生怕死的人！”鲍叔牙马上替管仲说话：“你们误会管仲了，他不是怕死，而是他得留着他的命去照顾老母亲呀！”管仲听到之后就说：“生我的人是父母，了解我的人可是鲍叔牙呀！”后来，齐国的国王死了，大王子诸当上了国王，诸每天吃喝玩乐不做事，鲍叔牙预感齐国一定会发生内乱，于是就带着小王子小白逃到了莒国，管仲则带着小王子纠逃到了鲁国。

不久之后，大王子诸被人杀死，齐国真的发生了内乱，管仲想杀掉小白，让纠能顺利当上国王。可惜管仲在暗算小白的时候，把箭射偏了，小白没死。后来，鲍叔牙和小白比管仲和纠还早回到齐国，于是小白就当上了齐国的国王。小白当上国王以后，决定封鲍叔牙为宰相，鲍叔牙却对小白说：“管仲各方面都比我强，国王应该请他来当宰相才对呀！”小白一听，摇头说：“管仲要杀我，他是我的仇人，你居然叫我请他来当宰相！”鲍叔牙却说：“这不能怪他，他也是为了帮他的主人纠才这么做的呀！”小白听了鲍叔牙的话后，就决定请管仲回来当宰相。

后来，大家在称赞朋友之间有很好的友谊时，就会说他们是“管鲍之交”。

鲍叔牙不但不计较管仲的自私，也能理解管仲的贪生怕死，还向齐桓公推荐管仲做自己的上司。而最终，鲍叔牙也赢得了管仲的友谊，正所谓：“生我的人是父母，了解我的人可是鲍叔牙呀！”可能现实生活中的人们很难做到这一点，但如果每个人都能做到不为小利小益而争来夺去，便能化敌为友，壮大自己的力量，这样既能成全别人，也能给自己的心灵带来充盈感。

对于“吃亏是福”这句话，可能很多人会颇不以为然。吃亏？为什么要吃亏？谦让？为什么我要谦让你？成全？为什么要我牺牲自己来成全你？人们都在这个变化迅速的世界里变得激进而匆忙，只有手里真真实实抓得到才安心。往后退一步，为了对方一个没有实际作用的笑脸和一个看不见的明天，吃亏隐忍在大家眼里永远不被看好。而实际上，吃亏是一种大肚能容的气度，也就是一种即使自己处于劣势，但仍然能淡然处之的做人风范。

在生活中，很多时候，人与人之间经常为一些小利小益而互相计较，得失心太重，反而会舍本逐末。的确，人性里都有自私的成分，都希望能占点儿小便宜，但正是因为这一点，如果你能满足对方的这些小心思，那么，他是能感受到你的大度和豁达的，自然也会愿意把你当朋友，久而久之，对方也会自知理亏，从而就不会再事事占便宜了。

当然，万事都有个度。我们反复在掂量：吃亏到底是什么？是敢于付出，还是有自信，抑或是眼光长远？

我们拥有的并不多，重要的是有没有一个得失的准则，能够帮我们在复杂中找到那么一点简单，在踌躇中找到那么一点依据。如果把吃亏当作一条途径，那确实需要付出很大的勇气，也需要懂得一些策略。为此，生活中的人们，如果你能收起那颗不愿吃亏的心，那么你就能收获成功，赢得友谊。对此，你需要做到以下几点。

1.淡化利益观念

通常情况下，人们之所以在利益上不愿让步，就是因为把目光放在了所谓的亏上，比如金钱、物质或者名利上，如果我们紧紧盯着这些外在利益，那么就永远无法释怀，自然也不愿让步，而带来的结果往往就是纠结的心态、紧张的人际关系等。而如果你能对名利看得淡一些，或许收获的就会是另外一种心情！

2.让步与吃亏也要讲原则

毫无原则的让步与吃亏就是人们经常说的“好好先生”，这是一种懦弱的表现。

参考文献

[1] 吴文铭. 受益一生的心理学启示[M]. 北京：中国纺织出版社，2008.

[2] 成果. 心理学的诡计[M]. 北京：中国纺织出版社，2010.